智

中华民族优秀传统文化故事读本

王培胜 ◎ 编著

立天之道，曰阴与阳；立地之道，曰柔与刚；立人之道，曰仁与义……

礼者，所以行之而备其条理；智者，所以知之；信者，所以守之；而所行、所知、所守，则伪不外乎仁义……

中国农业科学技术出版社

图书在版编目（CIP）数据

中华民族优秀传统文化故事读本．智／王培胜编著．—北京：中国农业科学技术出版社，2017.1（2021.9重印）
ISBN 978-7-5116-2670-7

Ⅰ．①中… Ⅱ．①董… Ⅲ．①品德教育—中国—通俗读物 Ⅳ．①D648-49

中国版本图书馆CIP数据核字（2016）第162657号

责任编辑　穆玉红
责任校对　杨丁庆

出版	中国农业科学技术出版社
	北京市中关村南大街12号邮编：100081
电话	（010）82106626（编辑室）
	（010）82109702（发行部）　（010）82109709（读者服务部）
传真	（010）82106626
网址	http://www.castp.cn
经销	各地新华书店
印刷	北京富泰印刷有限责任公司
开本	710 mm×1000 mm
印张	4.5
字数	150千字
版次	2017年1月第1版　2021年9月第4次印刷
定价	28.00元

版权所有·翻印必究

编著编委会

主　　　任：王培胜
副　主　任：董海霞　穆玉红
参与编写人员：董海霞　花　辉　刘　静　穆玉红　倪书刚　宋春艳　田苹苹
　　　　　　　王　梅　王培胜　武丽丽　熊联菊　许瑞丽　叶宏奇　赵　伟

前　言

　　国无德不兴，人无德不立。中华民族传统美德，经过了历代劳动人民的精神沉淀和提炼，植根于儒家理念基础，和天地有机有序结合，在顺应自然和人文发展规律的前提下，逐渐发展成为以"仁、义、礼、智、信"为最基本道德规范、民族特色鲜明的传统文化体系，其是人类进行物质生产活动和自身生存发展的客观要求，也是人们共同生活的基本的行为准则，它是人类社会道德关系的具有科学性的优秀遗产。

　　"仁、义、礼、智、信"是中国社会传统文化和思想体系建设宝库中极其珍贵的财产，是道德教育和行为规范的典范。在社会民众心理上，其有着无可替代的对于共同道德信念的权威感和归属感。虽然在漫长的封建统治过程中不可避免的为部分封建思想糟粕所渲染，但是经过提炼和甄选，其中绝大部分内容在当今社会仍具有普泛的意义和价值。当下，我们的传统文化体系和道德标准范畴不断被挑战和冲击，甚至有的媒体"娱乐至上"，为了博人眼球不惜篡改历史、扭曲人物形象，在青少年群体中间造成了恶劣的影响。开放的中国需要自己的文化自信，树立道德标准和典范，也是当下时代所需要的一种文化导向和社会责任。

　　习近平总书记指出："中华文明绵延数千年，有其独特的价值体系。中华优秀传统文化已经成为中华民族的基因，植根在中国人内心，潜移默化影响着中国人的思想方式和行为方式。今天，我们提倡和弘扬社会主义核心价值观，必须从中汲取丰富营养，否则就不会有生命力和影响力。""要利用好中华优秀传统文化蕴含的丰富的思想道德资源，使其成为涵养社会主义核心价值观的重要源泉。"

　　不忘根本才能开辟未来，善于继承才能更好创新。本书通过对以"仁、义、礼、智、信"为主线所凝聚的传统文化和故事进行创造性转化、创新性发展，以典型优秀品质为发散点，通过对相关的文化背景、基础知识进行串联普及、发掘、阐释和延伸，读故事，学礼仪，学知识、教化育人。在当代中国社会道德文明和核心价值观的建构过程中，借用"仁、义、礼、智、信"的形式，引导青少年树立和坚持正确的历史观、民族观、国家观、文化观，增强做中国人的骨气和底气。

目 录 | CONTENTS

文字溯源

- 女娲补天救世 / 001
- 神童甘罗的故事 / 003
- 晏子使楚 / 008
- 孔子拜师 / 010
- 调虎离山 / 014
- 曹冲的故事 / 015
- 牵牛救爷 / 019
- 孔融的故事 / 020
- 匡衡凿壁偷光 / 025
- 囊萤映雪 / 027
- 诸葛恪的故事 / 029
- 钟会不敢出汗 / 032
- 千金墨蝇 / 035
- 草船借箭 / 037
- 聪明睿智的谢道韫 / 040
- 无中生有 / 041

- 瞒天过海 / 042
- 陆羽弃佛从文 / 043
- 文彦博灌水浮球 / 044
- 司马光砸缸 / 045
- 徐霞客志在天下 / 046
- 王冕治学 / 048
- 智义降贼 / 050
- 纪晓岚智对和珅 / 052
- 空城计 / 053

文字溯源

一

智的来源:

"智"字是会意兼形声字。意从日,从知,知亦声。是"知"的后起字。本义为聪明智力强。在儒家的道德规范体系中,"智"是最基本最重要的德目之一,也是儒家理想人格的重要品质之一,被视为"三德""四德"及"五常"之一。

"智",即智慧、聪明,有才能,有智谋、有见识。

关于智的起源,孔子、孟子、荀子的思想可谓是同中有异、异中有同。归纳起来主要有先天和后起两种说法。

孟子从他的性善论出发,认为智来源于人心所固有的善性。他说:"仁义礼智信,非由外铄也,我固有之也"。这就是说,智产生于对是非善恶的认识,是人心中固有的对是非善恶的认识和辨别能力。在儒家思想史上,孟子第一次以"仁义礼智"四德并提。他从行为的节制和形式的修饰、道德的认知和意志的保障等意义上确立了礼与智在道德体系中的不可或缺的位置。最终,仁义礼智四位一体,相依互补,恰成一完整的范畴系统,构建为人道的全部蕴涵。

荀子主张可知论,从而在肯定人可以认识事物、认识世界的前提下,认为"智"是"非生而具者也",即认为智是后起的,它来源于人们对事物、对世界的认识,因而任何人都可以拥有智慧。

首先把"智"视为道德规范、道德品质或道德情操来使用的,是伟大的思想家孔子。他把"智"与"仁"、"勇"两个道德规范并举,定位为君子之道,即所谓"知(智)者不惑,仁者不忧,勇者不惧。"孔子认为,有智慧的人才能认识到"仁"对他有利,才能去实行"仁"。只有统治者才是""智者",他们中绝大多数人都可成为"仁人",而"小人"无智。儒家把"智"看成是实现其最高道德原则"仁"的重要条件之一。他们要实现"达德",而要实现"达德"必须经过"知"的五个步骤,即博学、审问、慎思、明辨、笃行。

汉儒则把智"列入"五常"之中。到了汉代，儒家"五常"（仁义礼智信）确立，"智"位列其中。孔子虽然一方面也认为也存在"生而知之者"，但另一方面，他更重视"学而知之者"，认为"好学近乎智"，主张"博学而笃志，切问而近思"，即只有通过努力学习，掌握广博的知识，而又坚守志向，才能充满智慧。

字形演变：

甲骨文	金文	篆文	隶书	楷书	行书	草书	标准宋体
敌	妍	瞽	櫉	智	智	智	智
前5·17	冉言鼎	毛公鼎	说文解字	鲁峻碑	李邕	王羲之	王羲之	印刷字库

二

智慧是一条通往人生幸福和快乐的心灵之路，通过它每个人都能在充满希望和期待的人生岁月里享受到生活的温馨。智慧如水，存在于我们生命的每一个微小细胞之中，滋润着我们的心田。学习古人的智慧，阅读智慧故事，犹如我们心灵世界里的一条涌动的河流。永远奔腾不息，并把我们的生命之舟送进更加广阔的充满创意的生活之海，使我们的生命之生命之曲里更加充满精神与现实的和谐的音符。

三

智慧是谋略，也是一种修养，中国历代文人学士受"慎独"思想的影响颇深，都以此来砥砺标榜，作为修身进德的重要目标。

慎独：

东汉时期的杨震，有人夜怀十金来见，并说，"此时夜暮无知者。"

杨震却说"此事天知，神知，我知，子知。何谓无知！"

杨震驳"暮夜无知者"论，以慎独精神成为廉洁自律的典范

慎染：

古篇《墨子·所染》记载一段故事。

子墨子言见染丝者而叹曰："染于苍则苍，染于黄则黄"，故"故染不可不慎也！

其实除了染丝，人也是一样，国也是一样。清朝末年，蔡公时慨于国事艰危、民生疾苦，曾与好友组成革命团体"慎所染斋"，意在不仅不要被环境腐化，还要改

造环境。"慎染"，就是要见贤思齐，见不贤而内自省，主动接受良好环境的影响，涵养正气。

慎微：

汉代哲学家王符说："慎微防萌，以断其邪。"不在小事小节上谨慎，难免在大事大节上不稳。

蜀汉先主刘备将之概括为"勿以恶小而为之，勿以善小而不为"。不虑于微，始贻大患；不防于小，终累大德。白居易在杭州任刺史时，从不向民间索取任何名贵物品。

想不到离任返乡，他发现自己做了一件错事，为此写了一首"检讨"诗曰："三年为刺史，饮水复食蘖，惟向天竺山，取得两片石，此抵有千金，无乃伤清白"。

临行所带，不过两片山石，可见白居易为官之清白。

慎初：

"慎初"，顾名思义，就是戒慎于事情发生之初，在思想上筑牢"第一道防线"，不存侥幸之心，避免误入歧途。明代王廷相讲过一个"轿夫湿鞋"的故事：轿夫爱惜自己脚下的新鞋子，雨后一日，两个轿夫抬着主人进城，刚开始上路，前面的轿夫左弯右绕，使轿子颠簸不已，但过一会儿，就直走了，平稳了。主人问其原因？轿夫答曰，今天早上穿了一双新鞋，刚下过雨，路上多有水坑，生怕把鞋子搞脏，因而左躲右闪，可刚才一不小心，还是踩进泥水里，现在已经脏了，也就无所谓了。什么地方都踩下去了。

王廷相由此感悟到，"倘一失足，将无所不至矣"。

自觉不越雷池一步，行所当行，止所当止，就是慎初的意思

慎终：

慎初者不一定就能善终。所以，"慎终"也是为人处世应当遵循的一条重要原则。慎终是防止"功败垂成"的关键。

《道德经》有言："民之从事，常于几成而败之。慎终如始，则无败事。"

换言之，若想不功败垂成，就应善始善终，善做善成。坚持二字，知易行难。

毛泽东对此有着非常通俗易懂的表述："一个人做点好事并不难，难的是一辈子做好事。

一个懂得"慎"的人，不一定就是"完人"；但是一个不懂得"慎"的人，却一定是"瑕人"。慎独、慎染、慎微、慎初和慎终，护我们驻守清本，安得自在。

中华民族优秀传统
文化故事读本《智》

◎ 女娲补天救世

女娲是一位善良的神，她为人类做过许多好事。传说当人类繁衍起来后，忽然水神共工和火神祝融打起仗来，二神从天上一直打到地下，闹得到处不宁，结果祝融打胜了，但失败的共工不服，一怒之下，把头撞向不周山。被共工氏一撞，不周山发出了惊天动地的一声响。山体崩塌，天柱折断，大地向东南倾斜，海水向陆地上倒灌。不周山崩裂了，支撑天地之间的大柱断折了，天倒下了半边，出现了一个大窟窿，地也陷成一道道大裂纹，山林烧起了大火，洪水从地底下喷涌出来，龙蛇猛兽也出来吞食人民。还不断有陨石和天火从破开的天洞中落下，大地上的人类不是被陨石砸死就是被大火烧，面临着巨大的生存危机。

女娲看到人类东躲西藏、无处容身的惨状，感到无比痛苦，于是决心补天，以终止这场灾难。

女娲选用各种各样的五色石子，架起火将它们熔化成浆，用这种石浆将破碎如渔网似的天一点点的补了起来。并在天台山上炼了九九八十一天，炼成了一块厚12丈、宽24丈的五色巨石，众神称好。于是依照此法，又用整整4年的时间，炼了36 500块五色石，众神仙和众将官帮女娲补天，因石是五色的，所以形成了天上的彩虹、彩霞。

虽然天补的差不多了，女娲还是担心天塌下来。可是却找不到支撑四极的柱子。要是没有柱子支撑，天很有可能会塌下来。这时，背负天台山之神龟慢慢游来，说愿意献出自己的四条腿，当作支撑的柱子。可是天台山要是没有神龟的负载，就会沉入海底，于是女娲将天台山移到东海之滨的琅琊，就是今天日照市涛雒镇一带。

砍下四足后，女娲过意不去，将自己的衣服送与神龟，从此龟游水不用腿而用鳍了。女娲用龟的四腿做成了擎天柱，当作四根柱子把倒塌的半边天支起找来。因西、北两面的短些，故有"天倾西北"的说法。

眼看着补天的大功就要告成，却发现五色石不够用，破碎的苍天还没补好。天上还有一个大大的窟窿存在着，只要还有破洞，天随时会继续崩裂，那样的话，过去的工作就白做了，而万物亦从此永远的生活在这已如同炼狱的大地之上，女娲痛苦的思考了很久之后，只好牺牲自己的生命，经过几次努力，女娲用自己的身体，填补好了天上最后的大洞……天空终于被修补完毕了，天地四方的柱子重新竖立了起来，洪水退去，大地上恢复了平静；凶猛的鸟兽都死了，天地间恢复了宁静，还出现了五彩的云霞和彩虹。一切生物又都生机勃勃地活在大地上。善良的百姓存活下来，一代一代繁衍生息。

但是这场特大的灾祸毕竟留下了痕迹。从此天还是有些向西北倾斜，因此太阳、月亮和众星辰都很自然地归向西方，又因为地向东南塌陷，所以一切江河都往那里汇流。

延伸阅读

世界各地的补天雕塑

联合国雕像：

为纪念保护臭氧层的《蒙特利尔议定书》25周年和联合国工业发展组织与"补天行动"20周年，2012年11月21日，中国艺术家袁熙坤创作并捐赠的"女娲补天"雕塑正式进驻维也纳联合国中心。"女娲补天"雕塑的创意来自中国古代神话故事《女娲补天》，雕塑家借助"女娲补天"的精神来呼吁国际社会保护臭氧层，积极应对全球气候变化。中国驻奥地利大使赵彬、国际组织代表、各国常驻联合国使节等近200人出席了当天的雕像揭幕仪式。

◎ 神童甘罗的故事

甘罗：战国末期秦国下蔡（今属颍上县甘罗乡）人。战国时著名的少年英雄。祖父甘茂，是秦国一位著名的人物，曾担任秦国的左丞相。"将门出虎子"，在祖父的教导下，甘罗从小就聪明机智，能言善辩，深受家人的喜爱。后来、甘茂受到别人的排挤被迫逃离秦国，不久就死于魏国。甘罗12岁时，因替丞相吕不韦解决九曲球穿线问题，令吕不韦大为赞赏，邀他至门下为宾客。

张唐是秦国一位大臣，曾率军攻打赵国并占领了大片的土地，赵王对他恨之入骨，声称如果有人杀死张唐，就赏赐给他百里之地，出使燕国必须经过赵国，所以张唐推辞不去。甘罗听了，微微笑道："原来是这样一件小事，丞相何不让我去劝劝他？"

吕不韦责备他："小孩子不要口出狂言，我自己请他他还不去，何况你小小年纪。"甘罗听了不服气地说："我听说项橐7岁的时候就被孔子尊为老师，我现在比他还大5岁，你为何不让我去试试，如果不成功的话，你再责备我也不迟啊！"

吕不韦见他语气坚定、神气凛然，心里不由暗自赞赏，于是就改变了态度，放缓了口气说："好，那你就去试试吧！事成之后，必有重赏。"甘罗见他答应了，也就没多说什么，高高兴兴地走了。

到了张唐家里，张唐听说是吕不韦的门客来访，连忙出来相见，发现甘罗不过是个十多岁的小孩子，不由得心生轻视，张口就问道："你来干什么？"甘罗见他态度傲慢，就说道；"我来给你吊丧来了。"张唐听了大怒："小孩子怎么能这样说话，我家又没死人，你来吊什么丧？"

甘罗笑到："我可不敢胡说啊，你听我讲清一下原因。

你和武安君白起相比，谁的功劳更大啊！"

张唐连忙答到："武安君英勇善战，南面攻打强大的楚国，北面扬威于燕赵，占领的地方不计其数，功绩显赫。我怎么敢和他相比啊？""应侯范雎和文信侯相比，谁更专权独断啊？"应侯是秦国以前的一位丞相，文信侯即吕不韦，张唐答道："应侯当然不如文信侯专权独断啦！""你真的知道应侯不如文信侯专权吗？"张唐说到。

"当然了。"甘罗听了笑到："既然如此，那你为何还推辞不去呢？我听说，应侯想攻打赵国的时候，武安君反对他，离开咸阳七里就被应侯派人赐死，象武安君这样的人尚且不能被应侯所容忍，你想文信侯会容忍你吗？"

张唐听了这话，不由得直冒冷汗，甘罗见状又说："如果你愿意去燕国的话，我愿意替你先到赵国去一趟。"张唐连忙称谢答应了，请他回去禀报丞相。

晋见秦王

甘罗回去把情况告诉吕不韦。吕不韦听了很高兴，甘罗说："张唐虽然不得已答应去了，可经过赵国时可能还会遇到麻烦。我想替他先到赵国去一下。"

吕不韦已经相信了他的才能，想了一下就答应了，并把这件事禀报给秦王，说："大王，甘茂有个孙子叫甘罗。年方十二岁，投奔在臣的门下，他出身名门、工于心计，能言善辩，这次张唐托病不去燕国为相，经他一说就答应了，而且，他还想替张唐先到赵国去一趟，请你答应他吧！"

秦王听了，就叫甘罗进来相见，过了一会儿，就见殿下走进一个眉清目秀的少年来。心下不由喜欢，笑着问到："就是你想要出使赵国吗？"

甘罗答到："是的。"

"那你见了赵王后要说什么呢？""我看他的神色，相机行事。不知道赵王反应如何，我也不能确定该说什么话啊。"秦王见他口齿伶俐，对答如流，就答应了他，给他十辆车、百余名仆从。让他出使赵国。

出使赵国

赵王早已听说秦国准备派人到燕国为相了，心里一直很焦急，担心秦国和燕国联合起来攻打他。这时听说秦国使者求见，连忙说："叫他进来。"不多时，就见一个少年缓步走上前来，朗声道："小臣甘罗奉秦王之命，拜见赵王。"赵王连忙让他在旁边坐下，心里暗暗称奇，秦国怎么派了这样一个小孩子来，再仔细一端详，也不由心生喜爱之情，只见那甘罗长得仪表非凡，眼神清朗，眉宇间露着一股轩昂之气，于是就问到："秦国过去一位姓甘的丞相是你的什么人？"

甘罗答道。"是我的祖父。"

"你今年多大年纪？"

"小臣今年已12岁了。"

赵王听了不由大笑道："秦国难道没有人可派吗？让你这个小孩子出来！"甘罗不慌不忙的答道：我们秦王用人，都是按他们才能的大小让他承担不同的责任，才能高的让他担当重任，才能低的担当小的责任，秦王认为这是件小事。所以就派我来了。"

赵王听了不由的对甘罗又敬重了几分，问道。"你这次到赵国来究竟有什么事吗？"

甘罗反问道："大王是否听说过燕太子丹入秦为质这件事。"赵王点了点头。

甘罗又问道："大王是否听说过张唐要到燕国为相？"赵王又点了点头，"既然如此，那你为何还不着急啊？燕派太子入秦为质，说明燕国不欺骗秦国；秦国派张唐入燕为相，说明秦国不欺骗燕国。燕秦不相欺，赵国就危险了。"

赵王听了问道："秦国和燕国和好，有什么目的吗？"

甘罗答道："秦燕和好没有别的原因，就是想攻打赵国、扩大河间的地盘啊！"

"哦，是吗，那您这次来有何见教？"赵王问道。

"大王不如给秦国5座城池扩大秦国的地盘，秦王自然高兴，你再请求他遣回燕太子，断绝秦燕之好，这样你就可以去放心地攻打燕国了。以强大的赵国攻打小小的燕国，还愁得不到5座城池吗？"

赵王听了很高兴，就赏给他黄金百两、白玉一双，并且把送给秦国的5座城池之图让他带回给秦王。

甘罗拜相

甘罗回到秦国，秦王大加赞赏，说道："你的智慧真是超出了你的年纪啊！"于是就封他为上卿（战国时诸侯国最高的官职，相当于丞相），并且把原先甘茂的田宅赐给他。

赵国得知秦国与燕国绝交后，派军攻打燕国，得到30座城池，又把其中的11座城池送给了秦国。

在战国这个时代的大舞台上，各种各样的人才层出不穷，甘罗年方12，就已经凭自己的智慧周旋于王侯之间，并且不费一兵一卒使秦国得到16座城池，官封上卿，这在中国历史上可以说是绝无仅有的，确实是一个才能出众的小神童啊！

可惜，他有才有识，寿命却不长。受封之后不久就去世了。

延伸阅读

断箭

古代，一位父亲和他的儿子出征打战。父亲已做了将军，儿子还只是马前卒。又一阵号角吹响，战鼓雷鸣了，父亲庄严地托起一个箭囊，其中插着一只箭。父亲郑重对儿子说："这是家袭宝箭，配带身边，力量无穷，但千万不可抽出来。"

那是一个极其精美的箭囊，厚牛皮打制，镶着幽幽泛光的铜边儿，再看露出的箭尾。一眼便能认定用上等的孔雀羽毛制作。

儿子喜上眉梢，贪婪地推想箭杆、箭头的模样，耳旁仿佛嗖嗖地箭声掠过，敌方的主帅应声折马而毙。果然，配带宝箭的儿子英勇非凡，所向披靡。当鸣金收兵的号角吹响时，儿子再也禁不住得胜的豪气，完全背弃了父亲的叮嘱，强烈的欲望驱赶着他呼一声就拔出宝箭，试图看个究竟。骤然间他惊呆了。一只断箭，箭囊里装着一只折断的箭。

我一直挎着只断箭打仗呢！儿子吓出了一身冷汗，仿佛顷刻间失去支柱的房子，轰然意志坍塌了。

结果不言自明，儿子惨死于乱军之中。

拂开蒙蒙的硝烟，父亲拣起那柄断箭，沉重地啐一口道："不相信自己的意志，永远也做不成将军。"

点评

把胜败寄托在一只宝箭上，多么愚蠢，而当一个人把生命的核心与把柄交给别人，又多么危险！比如把希望寄托在儿女身上，把幸福寄托在丈夫身上，把生活保障寄托在单位身上……

自己才是一只箭，若要它坚韧，若要它锋利，若要它百步穿杨，百发百中，磨砺它，拯救它的都只能是自己。

◎ 晏子使楚

　　晏婴，字仲平，春秋时齐国夷维人，在齐国担任大夫之职，是当时有名的政治家。称他"晏子"是表示尊称，"子"在古代是对人的敬称，用在姓氏之后，比如孔子、老子、孟子等等。

　　使楚背景：齐景公即位的第二年，由于他在晋国访问时的狂妄态度，引起了晋国高层的不满，于是派出军队对齐实施震慑性攻击，齐景公一开始并不在意，但后来晋国军队几乎兵临城下，使得他不得不服软。通过这次教训，景公意识到单凭齐国的力量是无法与强晋抗衡的，于是他将目光放到了南方的楚国，决意与楚修好，共抗晋国。在这种情况下，晏子作为使者访问了楚国。

　　晏子出使楚国。楚国君臣知道晏子身材矮小，在大门的旁边开一个小门请晏子进去。晏子不进去，说："出使到狗国的人从狗洞进去，现在我出使到楚国来，不应该从这个洞进去。"迎接宾客的人只得带晏子改从大门进去。

　　晏子拜见楚王。楚王说："齐国难道没有人了吗？怎么派你来呢。"

　　晏子回答说："齐国的都城临淄有七千五百户人家，人们一起张开袖子，天就阴暗下来；一起挥洒汗水，就会汇成大雨；街上行人肩膀靠着肩膀，脚尖碰脚后跟，怎么能说没有人呢？"

　　楚王说："既然这样，那么为什么会派遣你来呢？"

　　晏子回答说："齐国派遣使臣，要根据不同的对象，贤能的人被派遣出使到贤能的国王那里去，没贤能的人被派遣出使到没贤能的国王那里去。我晏婴是最没有才能的人，所以只能出使到楚国来了。"

晏子戏楚王

晏子将要出使楚国。楚王听到这消息,对手下的人说:"晏婴,是齐国善于辞令的人,现在将要来,我想羞辱他,用什么办法呢?"

手下的人回答说:"当他来到的时候,我们就故意捆绑一个人,从大王面前走过。大王问:'做什么的人?'回答说:'是齐国人。'楚王又问:'犯了什么罪?'回答说:"犯了偷窃的罪。"

晏子到了楚国,楚王请晏子喝酒。喝酒喝得正高兴的时候,两个官吏绑着一个人到楚王面前。楚王问:"绑着的是什么人?"小吏回答说:"是齐国的人,犯了偷窃罪。"

楚王对晏子说:"齐国人本来就善于偷窃吗?"

晏子离开座位,郑重地回答说:"我听说过这样一件事,橘子生长在淮南是橘子,生长在淮北就变为枳(一种酸涩的果实,不能吃),树形树叶形状相似,它们果实的味道完全不同。这样的原因是什么呢?是滋养它们的水土不同。现在百姓生活在齐国不偷窃,来到楚国就偷窃,莫非是楚国的水土和民风使百姓善于偷窃吗?"

楚王尴尬地笑着说:"是不能同您开玩笑的,我反而自讨没趣了。"

点评

晏子外交语言的艺术,主要在于他成功地运用了逻辑严密的三段式推理,以子之矛攻子之盾,比喻、类比等反驳方式和语言艺术。当然,晏子的成功本质在于他反击了楚王的无礼和无理,义正辞严地维护了国家的尊严,不辱使命,如果没有这一点,巧辩成为诡辩,就会黯然失色。

◎孔子拜师

孔子年轻的时候,就已经是远近闻名的老师了。可他总觉得自己的知识还不够渊博,三十岁的时候,他离开家乡曲阜,去洛阳拜大思想家老子为师。

曲阜和洛阳相距遥远,孔子风餐露宿,日夜兼程,几个月后,终于走到了洛阳。在洛阳城外,孔子看见一驾马车,车旁站着一位七十多位的老人,穿着长袍,头发胡子全白了,看上去很有学问。孔子想:这位老人大概就是我要拜访的老师吧!于是上前行礼,问道:"老人家,您就是老聃先生吧?"

"你是——"老人见这位风尘仆仆的年轻人一眼就认出了自己,有些纳闷。

孔子连忙说:"学生孔丘,特地来拜见老师,请收下我这个学生。"

老子说:"你就是仲尼啊,听说你要来,我就在这儿迎候。研究学问你不比我差,为什么还要拜我为师呢?"

孔子听了再次行礼,说:"多谢老师等候。学习是没有止境的。您的学问渊博,跟您学习,一定会大有长进的。"

从此,孔子每天不离老师左右,随时请教。老子也把自己的学问毫无保留地传授给他。

人们佩服孔子和老子的学问,也敬重他们的品行。

孔子拜项橐为师

项橐,也是个神童。孔子听说他的名声后,想借东游看海,来会会这位神童。

一天中午饭后,父亲去锄地,项橐跟着玩儿。在地头的路上用小石头围了个圈,里面用薄板石盖了间小屋。正

玩的高兴时，忽然从西南驿道上来了辆马车，上面坐着位长者，头挽髻，宽袖长袍。后面跟着一些弟子。孔子的弟子们猛然看见一个小孩蹲在路中间玩，就大声吆喝："闪开！闪开！"

项橐却若无其事，照样玩他的。

孔子下车问："你这小孩子怎么不让路？"

项橐说："城躲马？还是马躲城？"

孔子一时语塞，弟子们也哑口无言。只好绕"城"而过。子路气未消，走到地那头去找项父说了半天才走。

项橐见他们走后，去问父亲，他们说什么了。父亲这般如此的说了一遍，项橐告诉父亲如果他们再回来，你就如此这般地告诉他们即可。

再说孔子一行向北走了一会儿，看天色已晚，离驿站尚远。特别听说神童就在这一带。便决定原路返回，在此住宿。回来后，子路果然又去麻烦项父问："你的锄一天到底锄多少下？"

项父回答："你的马蹄一天抬多少下，我的锄就锄多少下。"

孔子听后很愕然，便问："那会儿你言辞含糊，这会又这样讲，是谁教你的？"

项父是个厚道人，不会说谎，便对孔子说了实话。孔子断定这个小孩就是他要见的神童，便吩咐弟子们找店住下。打算进一步找项橐交谈。

这地方无论是民宅还是店家，都喜种棘子当院墙。孔子进店时没注意，袍子被棘子挂破了。一个弟子很恼火，便对围观的人有所指地说："此地棘子甚多，自幼长刺，大了更恶，实乃无用之材。"

项橐也在其中，一听便知弦外有音，就问："先生们，什么是'有用之材'？"

孔子说："诸木之中，唯有四季长青的松柏最好。"

项橐接着问:"松柏确实是有用之材,你能说出松柏为什么四季长青吗?"

孔子说:"因为松柏木质硬,无孔、心红。"

项橐接着又问:"那竹子可是心白有孔,为什么也四季长青?"

孔子无言以对。

第二天一早,孔子便遣弟子去找项橐交谈。去的人回来告诉孔子,项橐和几个小伙伴们到东边看日出去了。孔子便亲自到村东去找。不一会儿便发现了项橐和另一个小孩儿正在池塘边争执着什么。于是孔子便凑了过去,只见两个小孩儿争得面红耳赤。那个小孩儿指着太阳说:"你看!你看!早晨它像车轮子,中午就像个盘盂,这不是早晨离我们近,中午离我们远吗?"

项橐说:"离我们近必定晒的厉害,太阳早晨虽大,反而沧沧凉凉,但到了中午却像火盆一样又热又烫呢?"正当二人相持不下,见孔子来到,便请教孔子。孔子哼哼啊啊也没说出个所以然。

这时,有群鹅在池塘哇哇叫着戏水。项橐就问孔子:"鹅的叫声为什么这样大?"

孔子说:"因为它的脖子长。"项橐说:"蛤蟆、蛙子脖子很短,叫声也不小。"

孔子又无言以对了。

项橐诚恳地说:"人们都说你上知天文,下知地理,中知人伦纲常,是无所不知无所不晓的圣人,怎么这些事不给俺讲清楚呢?"

孔子俯下身子对项橐和蔼地说:"后生可畏,我当拜你为师。"

延伸阅读

原文出自于《论语·述而》。子曰:"三人行,必有我师焉;择其善者而从之,其不善者而改之。"意思说:"别人的言行举止,必定有值得我学习的地方。选择别人好的学习,看到别人缺点,反省自身有没有同样的缺点,如果有,加以改正。"这句话,表现出孔子自觉修养,虚心好学的精神。它包含了两个方面:一方面,择其善者而从之,见人之善就学,是虚心好学的精神;另一方面,其不善者而改之,见人之不善就引以为戒,反省自己,是自觉修养的精神。这样,无论同行相处的人善于不善,都可以为师。这也表现了一种不耻下问,谦虚的学习态度。

这句话可以说是家喻户晓,可是人们并不是经常能够做到。人们常犯的一个通病——就是往往看自己的优点,找他人的缺点;或者只看自己的优点和他人的缺点,看不到自己的缺点和他人的优点;爱拿自己的长处与他人的短处相比。在与人相处中,就表现为对优于己、强于己者不服气;对有缺点错误者鄙视、嫌弃;严于责人而宽于责己;拿正确的道理当作手电筒,只照别人,却不照自己。这样,既堵塞了向他人学习提高自己的道路(择其善者而从之),也难免造成人际间的不和谐,以至发生冲突。随时注意学习他人的长处,随时以他人缺点引以为戒,自然就会多看他人的长处,与人为善,待人宽而责己严。这不仅是修养、提高自己的最好途径,也是促进人际关系和谐的重要条件。

◎ 调虎离山

东汉末年，军阀并起，各霸一方。孙坚之子孙策，年仅十七岁，年少有为，继承父志，势力逐渐强大。公元199年，孙策欲向北推进，准备夺取江北卢江郡。卢江郡南有长江之险，北有淮水阻隔，易守难攻。

占据卢江的军刘勋势力强大，野心勃勃。孙策知道，如果硬攻，取胜的机会很小。他和众将商议，定出了一条调虎离山的妙计。针对刘勋极其贪财的弱点，孙策派人给刘勋送去一份厚礼，并在信中把刘勋大肆吹捧一番。信中说刘勋功名远播，今人仰慕，并表示要与刘勋交好。孙策还以弱者的身份向刘勋求救。他说，上缭经常派兵侵扰我们，我们力弱，不能远征，请求将军发兵降服上缭，我们感激不尽。刘勋见孙策极力讨好他，万分得意。上缭一带，十分富庶，刘勋早想夺取，今见孙策软弱无能，免去了后顾之忧，决定发兵上缭。部将刘晔极力劝阻，刘勋哪里听得进去？他已经被孙策的厚礼、甜言迷惑住了。

孙策时刻监视刘勋的行动，见刘勋亲自率领几万兵马去攻上缭，城内空虚，心中大喜，说："老虎已被我调出山了，我们赶快去占据它的老窝吧！"于是立即率领人马，水陆并进，袭击卢江，几乎没遇到顽强的抵抗，就顺利地控制了卢江。刘勋猛攻上缭，一直不能取胜。突然得报，孙策已取卢江，方知中计，后悔已经来不及了，只得灰溜溜地投奔曹操。

◎ 曹冲的故事

我国东汉末年，出了一个杰出人物，他的名字叫曹操。曹操不但是一个成功的政治家、军事家、文学家，还是一个成功的父亲。他的儿子们文功武略，都各有卓越之处。有才高八斗的曹植、力能搏虎的曹彰等，都在历史上留下了重重的一笔。而他最喜爱的，首推曹冲。

古代所谓神童，以语言天赋突出的居多，曹冲却表现出解决问题的高超思维能力。曹冲七岁时以等量置换的办法称大象体重，不但震惊了当时之众，也流传千古，成为最经典的儿童智力启蒙故事之一。

关于曹冲，流传下来的故事，要么反映他的才智，要么反映他的聪明，要么就是他的宽厚仁慈。

曹冲智舞山鸡

据说有一天，有人送来一只漂亮的雉鸡。曹操早听说雉鸡能起舞，就想观赏雉鸡舞蹈，但他想尽办法，这珍禽根本不舞，连动都懒得动，曹操面对一只雉鸡一点办法都没有，徒叹奈何。众文武官员也一起想办法，斗它、撵它都没有作用，一大群人始终对一只鸡无可奈何。

曹冲看到父亲拿雉鸡没有办法，他想起了人们经常说到这种动物的一个特点，只要有更多的同类，雉鸡才会舞蹈。想到这里，曹冲忽然心生一计。让人制作了一面大镜子，摆在雉鸡面前。那雉鸡于镜中看到同类，起了争胜之心，当即舞将起来，这一下对镜成双，煞是好看。于是曹操更怜爱这个儿子了。

曹冲智救仓

反映曹冲仁慈的故事要数他智救了。

当时魏国由于经常发生战争,所以采用严刑峻法来约束人民。有一次,曹操坐骑的马鞍放在仓库中,不慎被老鼠咬坏。管理仓库的人大惊失色,心想,这件事如果让曹操知道了,怪罪下来,一定会处死。

年幼的曹冲不乏仁慈之心,他了解了情况后,决定救这位仓库管理人员一把。他先用利刃将自己的单衣穿戳成鼠齿状,然后装成一脸愁色的样子去见父亲。

曹操问他何事忧虑?

曹冲说:"大家都说衣服被老鼠咬破了,是很不吉利的事情。您看我这衣服,我好担心有什么坏事会落到我的头上啊!"

曹操赶紧安慰爱子,说:"这种话你还信?都是无稽之谈,放心吧,什么事都不会发生!"

过了一会儿,那位仓库管理员来向曹操报告桩马鞍被鼠咬坏一事,曹操听后,笑着说:"连我儿子的单衣都被咬坏,那马鞍被老鼠咬坏岂可责怪你!"根本没有追究的意思。

这样一来,仓库管理员的心终于落回肚子里。算是逃过一劫。

曹冲称象

有一次,吴国孙权送给曹操一只大象,曹操十分高兴。大象运到许昌那天,曹操带领文武百官和小儿子曹冲,一同去看。

曹操的人都没有见过大象。这大象又高又大,光说腿就有大殿的柱子那么粗,人走近去比一比,还够不到它的肚子。曹操对大家说:"这只大象真是大,可是到底有多重呢？你们哪个有办法称它一称？"嘿！这么大个家伙，可怎么称呢！大臣们都纷纷议论开了。

一个说："只有造一杆顶大的秤来称。"

而另一个说："这可要造多大一杆秤呀！再说，大象是活的，也没办法称呀！我看只有把它宰了，切成块儿称。"

他的话刚说完，所有的人都哈哈大笑起来。有人说："你这个办法可不行啊，为了称重量，就把大象活活地宰了，不可惜吗？"

大臣们想了许多办法，一个个都行不通。可真叫人为难呀。

这时，年幼的曹冲走到曹操面前说："父亲，我有个法儿，可以称大象。"

曹操一看，正是他最心爱的儿子曹冲，就笑着说："你小小年纪，有什么法子？你倒说说，看有没有道理。"

曹冲趴在曹操耳边，轻声地讲了起来。曹操一听连连叫好，吩咐左右立刻准备称象，然后对大臣们说："走！咱们到河边看称象去！"

众大臣跟随曹操来到河边。河里停着一只大船，曹冲叫人把象牵到船上，等船身稳定了，在船舷上齐水面的地方，刻了一条道道。再叫人把象牵到岸上来，把大大小小的石头，一块一块地往船上装，船身就一点儿一点儿往下沉。等船身沉到刚才刻的那条道道和水面一样齐了，曹冲就叫人停止装石头。

大臣们睁大了眼睛，起先还摸不清是怎么回事，看到这里不由得连声称赞："好办法！好办法！"现在谁都明白，只要把船里的石头称一下，把重量加起来，就知道象有多重了。

曹操自然更加高兴了。他眯起眼睛看着儿子，又得意洋洋地望望大臣们，好像心里在说："你们还不如我的这个小儿子聪明呢！"

延伸阅读

"曹冲称象"在中国几乎是妇孺皆知的故事。年仅六岁的曹冲，利用漂浮在水面上的物体的重力等于水对物体的浮力这一物理原理，解决了一个连许多有学问的成年人都一筹莫展的大难题，这不能不说是一个奇迹。可是，在那个年代（公元200年），虽然阿基米德原理已经发现了500年，但这一原理直到1627年才传入中国，曹冲不可能知道这个原理，更不用说浮沉条件了。

实际上，聪明的曹冲所用的方法是"等量替换法"。用许多石头代替大象，在船舷上刻划记号，让大象与石头产生等量的效果，再一次一次称出石头的重量，使"大"转化为"小"，分而治之，这一难题就得到圆满的解决。

等量替换法是一种常用到的科学思维方法。这里再讲一个爱迪生的小故事。美国大发明家爱迪生有一位数学基础相当好的助手叫阿普顿。有一次，爱迪生把一只电灯泡的玻璃壳交给阿普顿，要他计算一下灯泡的容积。阿普顿看着梨形的灯泡壳，思索了好久之后，画出了灯泡壳的剖视图、立体图，画出了一条条复杂的曲线，测量了一个个数据，列出了一道道算式。经过几个小时的紧张计算，还未得出结果。爱迪生看后很不满意。只见爱迪生在灯泡壳里装满水，再把水倒进量杯，不到一分钟，就把灯泡的容积"算"出来了。

这里，爱迪生用倒入量杯里的水的体积代替了灯泡壳的容积，用的也是等量替换法。

◎ 牵牛救爷

从前有一位地主老爷，田地百余亩，院宅数座，老婆三个，儿子、孙子成群。他出入坐轿，丫鬟服侍，一家人过着快活而又美好的生活。一日，有位多年不见的好朋友突然登门造访，并给他带来一份贵重又罕见的礼物——一包烟土（鸦片）。他一吸就上瘾了，吸完后的感觉太爽了，飘飘欲仙的，就想方设法找到那位"朋友"，想再买一大包，谁知这烟土很贵，一日的烟钱相当于半分多田地的价值，没几年时间，家里的百余亩田地就差不多耗尽了，家宅基本卖光，日子越过越紧。

地主老爷是一家之主，谁劝说都无用，老爷变得脾气粗暴，谁劝戒就打谁、骂谁，因此大家都拿他没办法，眼看这个家就要败光了。

一日，他七岁的孙子牵来一头大水牛，来到自家大门口，将绳子穿过狗洞口，要把牛从狗洞口赶进去，一边赶牛一边大声叫喊："进去、快进去！"狗洞口一尺见方的样子，牛这么大怎能进得去？有大门不入，非要从狗洞口入？这孩子是不是傻了？这一举动引来了不少围观的人，一家老幼都出来了，谁问他他都不理会，他赶他的牛，只等老爷出来。老爷见状发火了，忍不住骂道："我家怎么养出个傻孙子，狗洞这么小，牛这么大怎能进得去？"。说着举起手中的烟杆就要打孙子。

孙子说："爷爷，狗洞比你的烟斗洞大多了，你烟斗这么小，上百亩田地、几幢宅院都能从你的烟斗洞走过去，一头牛怎么就过不了这么大狗洞呢？"。

一番话问得老爷无言可答，地主老爷明白了，原来这是冲我来的、教训我的。地主老爷当场把烟杆砸了，从此地主老爷下决心把烟戒掉，一家人生活从此又有了起色。

◎ 孔融的故事

孔融（153—208年），字文举。鲁国（今山东曲阜）人。是孔子的十九世孙。他少年时便有突出的才能，受到名士李膺的赞许。东汉末年文学家，"建安七子"之一，家学渊源，少有异才，勤奋好学，与平原陶丘洪、陈留边让并称俊秀。孔融能诗善文，曹丕称其文"扬（扬雄）、班（班固）俦也。"散文锋利简洁，代表作是《荐祢衡表》，其六言诗反映了汉末动乱的现实。

一门争义

孔融十几岁时，名士张俭为中常侍侯览所记恨，密令要州郡捉拿张俭。

张俭与孔融兄长孔褒是好友，于是逃到孔褒家中，孔褒却不在。当时孔融年仅十六岁，张俭认为孔融年轻，并没有告诉他自己的处境。孔融看见张俭窘迫的样子，对张俭说："哥哥虽然在外未归，我难道不能作为东道主吗？"因此留张俭住在自己家。

后来事情败漏，张俭得以逃脱，孔褒、孔融则被逮捕入狱。但不知他们二人该治谁的罪。

孔融说："收容匿藏张俭的是我，有罪归我。"

孔褒说："张俭来找我，不是弟弟的罪过，罪在我，我心甘情愿。"官吏问他们的母亲，母亲说："年长的人承担家事，罪责在我。"

一门都争着赴死，郡县迟疑不能决断，于是向朝廷请示。诏书最后定了孔褒的罪。孔融因而闻名，与平原陶丘洪、陈留边让齐名，州郡以礼策命，都不到。

孔融让梨

孔融小时候聪明好学，才思敏捷，巧言妙答，大家都夸他是奇童。4岁时，他已能背诵许多诗赋，并且懂得礼节，父母亲非常喜爱他。

七岁那年，正值祖父六十大寿，一天吃完午饭，孔融便自觉到书房去读书写字了。这时老管家进房传话说："小主人，在外地的伯伯、叔叔、婶婶和六个堂兄妹都来了，夫人叫你到前庭去见见他们。"

孔融高兴极了，说实在的，伯伯、叔叔长年在外地做官，孔融还没见过他们，特别是六个堂兄妹不知长个啥模样。于是，孔融没等老管家赶到前庭回话，已飞也似地先到了。

在父母的介绍下，孔融一一给伯伯、叔叔、婶婶和六个堂兄妹见过了礼，大家都夸孔融有礼貌。这时，母亲叫丫环端上一盘梨来，玲珑剔透的盘中放着六只又大又香又甜的鸭梨，母亲又叫孔融把鸭梨分给六个堂兄妹吃。

孔融正要分梨，却被父亲止住了："慢！融儿，你把梨子送给堂兄妹，每个人一个，而且盘子里还要留一个，你能分好吗？"父亲知道孔融很聪明，有意想夸耀一下孔融，谁知题目太难，反倒把孔融给问住了。

伯伯、叔叔、婶婶们，也觉得这事连他们都难以办妥，何况一个7岁的稚童呢？六个堂兄妹更是束手无策，面面相觑，心里在琢磨着："这样分梨，我们六个人中总有一个人吃不到梨子呀！"孔融拧着眉头苦思，他为难地看看母亲，母亲慈祥地对孔融说："融儿，动动脑筋呀！梨子分来一个不少，你一定能分好的。"

孔融的眼珠子急速地转动着，他瞧了瞧盘子又望了望梨子，忽然，脸上露出了欢欣的喜悦，他拍着小脑瓜儿说："有办法了。"

只见孔融拿起盘中五只梨子分别递给五个堂兄妹，盘中剩下一只梨子，可还有一个堂妹没有分到梨子，这个堂妹感到很委屈。伯伯、叔叔和婶婶说这个办法不灵。孔融微微一笑，把剩下的一只梨子连同盘子一起递给了这个堂妹。

父亲高兴地说："融儿，你分得很对，能不能给大家讲讲为什么要这样分？"

孔融脆生生地说："每人分一个，说明六个堂兄妹都得分着；盘子里还要留一个，这也可理解为只要有一只梨子放在盘子里就行，所以我这样分是符合题意的。"大家恍然大悟，连夸孔融聪明过人，父母亲也开心地笑了。

小时了了　大未必佳

孔融从小就很聪明，尤其长于辞令，小小年纪，已在社会上享有盛名。他十岁时，跟随父亲到洛阳（今河南洛阳县。当时在洛阳的河南太守，是很负盛名的李元礼，由于李氏的才名很重，因此在太守府中往来的人除了他的亲戚，其余都是当时有名望的人。

如果不是名人拜访，守门人照例是不通报的。年仅十岁的孔融，却大胆地去拜见这位太守。他到府门前，对守门人说："我是李太守的亲戚，请给我通报一下。"

守门人通报后，李太守接见了他。李元礼问他说："请问你和我有什么亲戚关系呢？"

孔融回答道："从前我的祖先仲尼（即孔子）和你家的祖先伯阳（指老子，老子姓李名耳，字伯阳）有师资之尊，因此，我和你也是世交呀！"

当时有很多贺客在座，李氏和他的宾客对孔融的这一番话都很惊奇。其中有一个中大夫陈韪，恰恰后到，在座的宾客将孔融的话告诉他后，他随口说道："小时了了，大未必佳。"

聪明的孔融立即反驳说道:"我想陈大夫小的时候,一定是很聪明的。"陈韪给孔融一句话噎住了,半天说不出话来。后来的人便引用这段故事中的两句话,将"小时了了"作为成语,来说明小孩子从小便生性聪明,懂得的事情很多。

但因为下文有"大未必佳"一语,故这句成语的意思便变成了:小时虽然很聪明,一到长大了却未必能够成材的。

延伸阅读1

覆巢之下　安有完卵

公元208年,曹操把孔融满门抄斩。当时还有一个令人凄然的花絮:孔融被捕的时候,大儿子九岁,小儿子八岁,"二儿故琢钉戏,了无遽容"——专心地做着某种游戏。孔融还怀着一种侥幸心理问使者:"我好汉做事好汉当,能不能放过我的孩子?"

没想到他儿子秉承了他的硬骨头精神和早慧特征,慢慢说道:"父亲岂见覆巢之下,复有完卵?"

"覆巢之下,安有完卵?"这个成语,就是从这两个小孩子口中造出的。从这寥寥数语中可以看出,他的孩子在遗传了他的口才基因之外,还有着超乎他上的非凡见识。可惜历史没有给这两个小孩一个充分表演的机会就匆匆将其扼杀,使人掩卷兮长太息。

延伸阅读2

约翰争梨

美国有一位心理学家在全美选出了50位成功人士和50名罪犯,分别给他们写信,邀请他们谈一谈自己的母亲。有两封回信给他的印象特别深。

　　一封来信是这样写的：小时候，有一天，妈妈拿来几个苹果，红红的大小不同，我一眼就看见中间的又红又大的，别提多想得到了。妈妈把苹果放在桌上，问我和弟弟："你们想要哪个呀？"我刚想说要最大最红的那个，没想到弟弟抢先一步把这话说了出来。妈妈听后瞪了弟弟一眼，责备他："好孩子，要学会把好东西让给别人，不能总想着自己。"一听到这个话，我马上转过弯来了，改口对妈妈说："妈妈，我想要最小的，把大的留给弟弟吧。"妈妈听了很高兴，就把那个大苹果"奖"给了我。从此我知道了，要想得到自己想要的东西，不能直接说出来，要学会说谎。以后我学会了打架、偷、抢，只要想得到自己想要的东西，就不择手段。直到现在我被送进了监狱——这是一名犯人写来的信。

　　第二封信是一位叫约翰的成功人士写来的，信中说：小时候，有一天妈妈拿来几个大小不同的梨子，我和弟弟们都抢着要大的。妈妈把那个最大最甜的梨子举在手中，对我们说："孩子们，这个梨子最大最好吃，你们都有权利得到它，但梨子只有一个，怎么办呢？现在咱们做个比赛，我把门前的草坪分成3块，你们3人一人一块儿把它修剪好，谁干得最快最好，谁就有权得到它。"结果我干的最好，就赢得了最大的梨子。

　　在"约翰争梨"的故事里，约翰和他们的兄弟无论年龄多小，都是他们妈妈眼中拥有独立人格和意志的"人"，而不是可以任由成人意志驱使安排的"屁孩儿"。"约翰争梨"，正视人的天性和权利，通过制定和执行规则，实现了人的权利和义务之间、个人利益诉求和社会道德要求之间的统一，值得大人们深思学习。

◎ 匡衡凿壁偷光

汉朝时，少年时的匡衡，非常勤奋好学。由于家里很穷，所以他白天必须干很多活，挣钱糊口。只有晚上，他才能坐下来安心读书。不过，他又买不起蜡烛，天一黑，就无法看书了。匡衡心痛这浪费的时间，内心非常痛苦。

他的邻居家里很富有，一到晚上好几间屋子都点起蜡烛，把屋子照得通亮。匡衡有一天鼓起勇气，对邻居说："我晚上想读书，可买不起蜡烛，能否借用你们家的一寸之地呢？"

邻居一向瞧不起比他们家穷的人，就恶毒地挖苦说："既然穷得买不起蜡烛，还读什么书呢！"匡衡听后非常气愤，不过他更下定决心，一定要把书读好。

匡衡回到家中后，聪明的匡衡终于想出一条妙计，悄悄地在墙上凿了个小洞，邻居家的烛光就从这洞中透过来了。他借着这微弱的光线，如饥似渴地读起书来，渐渐地把家中的书全都读完了。

匡衡读完这些书，深感自己所掌握的知识是远远不够的，他想继续看多一些书的愿望更加迫切了。附近有个大户人家，有很多藏书。一天，匡衡带着铺盖出现在大户人家门前。他对主人说："请您收留我，我给您家里白干活不要报酬。只是让我阅读您家的书籍就可以了。"主人被他的精神所感动，答应了他的要求。

匡衡就是这样勤奋学习的，后来他做了汉元帝的丞相，成为西汉时期有名的学者。

延伸阅读

巧取银环

从前，有一位姓林的员外，他请了一位姓孙的先生教自己的儿子念书，讲定一年零11个月给23个银环作为报酬，林员外将银环拿出来让孙先生看。孙先生一看，只见23个银环连成一串，是真货。就同意去林家当先生。

林员外说："这23个银环是连成一串的，你现在同意去我家，这些银环就是你的报酬，我俩写个立约。"孙先生答应了。

立约是林员外事先写好的，孙先生看后，觉得没有问题，双方就签字了。

第二天，孙先生走进了林员外的家门。林员外领着孙先生走进自己的书房，待孙先生坐下后，他说："这23个银环，现在我让你只能砸开其中的两个银环，你必须每月拿走一个，23个月拿完，每个月不能多拿，也不能存在我这里，如果你做不到，你拿走的银环，我要全部追回，你必须在我家，教我的儿子念完23个月的书。"

孙先生想了一会儿，说："我可以按照你的要求来砸这串银环。"

林员外将银环交给孙先生，伸出两个手指，说："只能砸开两个银环，多砸一个银环，这23个银环，你一个别想拿走，还要赔这串银环。"

孙先生说："砸坏了，我教你的儿子念四年书，不要工钱，总可以吧？"

孙先生将这串银环从左边往右数第四个砸开了，接着从这19个银环中，从左往右数第七个砸开了，这一串23个银环变成了三串，外加砸开的两个，交到林员外的手中以后，说："我以后每月拿走一个。"

林员外做梦也没想到自己并没有难倒聪明的孙先生。

想一想：你知道答案是什么样的吗？

◎ 囊萤映雪

晋代时，车胤从小好学不倦，但因家境贫困，父亲无法为他提供良好的学习环境。为了维持温饱，没有多余的钱买灯油供他晚上读书。为此，他只能利用这个时间背诵诗文。

夏天的一个晚上，他正在院子里背一篇文章，忽然见许多萤火虫在低空中飞舞。一闪一闪的光点，在黑暗中显得有些耀眼。他想，如果把许多萤火虫集中在一起，不就成为一盏灯了吗？

于是，他去找了一只白绢口袋，随即抓了几十只萤火虫放在里面，再扎住袋口，把它吊起来。虽然不怎么明亮，但可勉强用来看书了。从此，只要有萤火虫，他就去抓一把来当作灯用。由于他勤学苦练，后来终于做了职位很高的官。

同朝代的孙康情况也是如此。由于没钱买灯油，晚上不能看书，只能早早睡觉。他觉得让时间这样白白跑掉，非常可惜。

一天半夜，他从睡梦中醒来，把头侧向窗户时，发现窗缝里透进一丝光亮。原来，那是窗外的大雪映出来的，可以利用它来看书。于是他倦意顿失，立即穿好衣服，取出书籍，来到屋外。宽阔的大地上映出的雪光，比屋里要亮多了。

孙康不顾寒冷，立即看起书来，手脚冻僵了，就起身跑一跑，同时搓搓手指。此后，每逢有雪的晚上，他就不放过这个好机会，孜孜不倦地读书。这种苦学的精神，促使他的学识突飞猛进，成为饱学之士。后来，他也当了高官。

延伸阅读

三个小金人

曾经有个小国的使者到中国来,进贡了三个一模一样的金人,金璧辉煌,把皇帝高兴坏了。可是这小国使者不厚道,同时出一道题目为难皇帝,问:这三个金人哪个最有价值?

皇帝想了许多的办法,请来珠宝匠检查,称重量,看做工,都是一模一样的。看不准哪个最有价值,怎么办呢?使者还等着回去汇报呢。泱泱大国,不会连这个小事都不懂吧?

最后,有一位退位的老臣说他有办法。皇帝将使者请到大殿,老臣胸有成竹地拿着三根稻草,插入第一个金人的耳朵里,这稻草从另一边耳朵出来了。第二个金人的稻草从嘴巴里直接掉出来,而第三个金人,稻草进去后掉进了肚子,什么响动也没有。老臣说:"第三个金人最有价值!"

你知道为什么要这样评价小全人吗?

点评

这个故事告诉我们,最有价值的人,不一定是最能说的人。老天给我们两只耳朵一个嘴巴,本来就是让我们多听少说的。善于倾听,才是智慧的人最基本的素质。

◎ 诸葛恪的故事

诸葛恪，字元逊，生于建安八年（203年），是诸葛亮的哥哥诸葛瑾的长子。他出身于名门家族，父亲是吴国开国元勋，叔父诸葛亮为蜀国名相，族叔诸葛诞为魏国名臣。

诸葛恪得驴

诸葛恪天资聪慧，勤奋好学，才思敏捷。他在少年时期，就才华横溢，很有名气了。

东吴君臣，一直保持着密切的关系。孙权就经常和大臣开玩笑。有一次孙权宴会群臣，趁酒酣耳热之时，兴致勃勃，让人把一头驴牵至庭院。众人一看，驴脖子上挂着写有"诸葛子瑜"的牌子。诸葛瑾感到有些受辱，因为诸葛瑾本人就面孔狭长，很像驴的面孔。但因是孙权所为，又不好发怒，一时无措，把脸拉得更长了，很不自在。

少年诸葛恪看到这样的恶作剧，立即跪到孙权面前，说："乞求给我一只笔增加两个字。"

孙权应允，命人端来笔墨，诸葛恪接过笔，在"诸葛子瑜"牌子下添写两个字"之驴。"

这样就成了"诸葛子瑜之驴"了。群臣看后，无不惊奇，都赞美诸葛恪的聪慧。

孙权更是高兴，为褒奖他，就高兴地把这头驴赐给了诸葛恪。

诸葛恪巧答

据说，过了一段时间，孙权见了诸葛恪，问道："你父亲和叔父谁更贤明？"孙权所说的叔父是指诸葛亮。

诸葛恪敏锐地感到是孙权又在考验他，便毫不迟疑地答道:"我父亲更贤明。"

孙权问:"为什么?"

诸葛恪坦然相对说:"我父亲知道该侍奉谁,而叔父却不知道,当然是父亲更贤明。"

孙权听后,哈哈大笑起来。

诸葛恪劝酒

孙权对诸葛恪很偏爱,有一次举行宴会,孙权特让诸葛恪行酒,他走到老臣张昭面前,首先给他斟酒。张昭因在家已经喝过酒,面色发红,不肯再饮,说:"这不符合养老的礼仪。"

孙权插话说:"你要说得张公理屈辞穷,才能让他饮酒。"

诸葛恪难为张昭说:"过去姜子牙年且九十,尚能执钺打仗,还未告老。现在打仗之事在将军后面,饮酒之事应该在前面,这怎么不符合养老的礼仪呢?"张昭无言可对,立即将酒一饮而尽。孙权见他难倒老将张昭十分高兴,宴会气氛也热烈起来。

诸葛恪得马

据说诸葛恪靠自己的聪明智慧为父亲赢得一头驴后,不久的一天,蜀国使臣来到吴国,群臣都参加了会见。孙权指着诸葛恪对蜀国使臣说:"这是诸葛恪,平时雅好骑马,你回去后告诉诸葛丞相,让他送些好马来。"

诸葛恪听后,立即向孙权下跪,表示谢恩。

孙权说:"马还没有送到,你谢什么?"

诸葛恪巧妙地回答说:"蜀地是陛下在外面的马厩,今日陛下有恩下诏,马必然会送到,怎敢不谢恩呢?"

孙权听他回答得极妙,心里十分高兴。

不久之后,诸葛恪果然就得到一匹宝马良驹。

诸葛恪争执

有一次,诸葛恪与太子孙登争执起来,太子骂道:"元逊可吃马屎。"

诸葛恪回骂道:"愿太子吃鸡蛋。"

孙权在旁听了二人的争吵,便问诸葛恪:"他叫你吃马粪,你却叫他吃鸡蛋,这是何故?"

诸葛恪笑着说道:"因为它们都是从一个地方出来的。"

孙权听后,禁不住哈哈大笑起来。

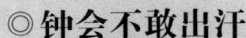

◎ 钟会不敢出汗

三国的钟会自幼机灵，他父亲钟繇引见他和哥哥钟毓去见皇帝曹丕，钟毓头一次见皇帝，吓得全身是汗，钟会则好像没事儿一样，从容得很。

皇帝不解地问："钟毓啊，你怎么出了那么多汗啊？"

钟毓说："皇上天威，臣战战兢兢，汗如雨下。"

皇帝又问钟会："你怎么不出汗呢？"

钟会学着他大哥的口气说："皇上天威，臣战战兢兢，汗不敢出。"

皇帝听到他机敏的回答，特别高兴，不由得哈哈大笑起来。

延伸阅读

书呆子巧治无赖

江南的某个小镇上有一个早市，每逢单日开市。早市上人来人往，熙熙攘攘，接踵摩肩。卖东西的摊贩也在早市的两边，一个挨一个地排了两条长龙，卖得东西更是五花八门，好不热闹。

张家的儿子张小虎是个书呆子，很少到早市上去闲逛，每天就知道在家里读四书五经。一日，他娘打发他去早市上买一块肉、一些米来。张小虎就到早市去了。到了早市上，张小虎随着人流东瞧瞧，西看看，好不兴奋。张小虎逛得正在兴头上时，人群中一个留着一撇小胡子，穿着长衫，膀大腰圆流里流气的公子哥，在人群中是横冲直撞，差点没把张小虎挤倒。张小虎一看那人一副无赖之相，膀大腰圆的，知道不好惹就没敢吭气。

那无赖挤到张小虎前面晃来晃去地走着，突然，在一个卖鸡蛋的老奶奶的面前停下了。无赖看了看老奶奶的鸡蛋问："你的鸡蛋怎么卖？"

老奶奶说:"我的鸡蛋个头大,一块钱三个。"

无赖点了点头说:"你这篮子里有多少个。"

老奶奶说:"我数过了,正好九十个。"

无赖又点了点头说:"我全买了,一块钱四个。"

老奶奶一听有些着急说:"不卖,我的鸡蛋个头大,少了不卖。"

无赖把眼珠子一瞪,拉高着嗓门说:"真不始抬举,你打听打听,我是谁?买你东西,是看得起你,别给我找晦气,一块钱四个,我全买了。说完,从口袋掏出二十三块钱甩给了老奶奶,连篮子一起拿了就走。

老奶奶站起来就撵,刚追上一把抓住了无赖,却让无赖轻轻一搡,就把老奶奶搡的差点跌倒。无赖却没事人样扬长而去,气的老奶奶哭天喊地,来往的人见了纷纷摇头叹息,却无人敢出面干预。

张小虎实在看不下去了,就自言自语地说:这事我要管管。

说完,张小虎就向无赖离去方向追去了,追上无赖后,张小虎竟在无赖的肩上拍了一下说:大哥,你买老奶奶的鸡蛋吃亏了。

无赖回头瞅了一眼张小虎,看他白白净净,一看就是个读书人,就粗着嗓门问:"你如何知道我吃亏了?"

张小虎却连连摆手说:"说不成,说不成。"

无赖一听有些丈二和尚摸不着脑门就问:什么说不成。

张小虎听了叹了口气说:上周,我也买了老奶奶的一篮子鸡蛋,老奶奶说一共一百个,我见老奶奶上了岁数,不可能骗我,就没数,谁知提回家一数,才六十个,下面全是一块钱一大堆的果子。

无赖一听立马站住不走了,问:你说得是真的。

书呆子听了不高兴地说:我吃饱撑的,骗你干啥,只不过我吃了亏,不想让别人再上当了。

无赖一听更信了说:我找她去。

张小虎忙说:不急,你先数数,要是数了不够,你再找她不迟。

无赖觉得张小虎说得有理,说:可是鸡蛋在篮子里不好数。

张小虎忙说：好办，好办，你把衣服兜起来，我帮你数。

无赖一听说：好主意，谢谢你。没想到，看你小小年纪，心眼还挺多。

张小虎说：不谢，不谢。

于是张小虎从无赖手中接过装鸡蛋的篮子，一个一个数着往无赖兜起来的上衣里放，当数到七十个的时候不数了。无赖一看篮子里还有鸡蛋说：再数，再数。

张小虎说：还数？二十三块钱只能买七十个鸡蛋，不数了。说完，拎上篮子就走了。无赖气得说：你骗我。张小虎笑呵呵地说：谁让你欺负老奶奶！

无赖听后心中上了火，想和张小虎算账，可一看胸前兜着一抱鸡蛋，不敢轻举妄动气的嘴直咧咧、却也没有办法。只能眼睁睁看着张小虎提着老奶奶的鸡蛋篮子越走越远。

◎ 千金墨蝇

三国时期，吴国的君主孙权爱好绘画，他在宫里养了许多画师，在他饮食起居、办公开会的地方都挂满各式各样的绘画。

一天，孙权找来画师总管曹费兴，命令他主持绘制一幅以吴越山水为主题的屏风，立在自己的皇位后面。曹费兴当然不敢怠慢，立即召集全体画师，煞费苦心地画了一个多月，终于完成了工笔细腻、气势磅礴的巨幅屏风。

就在他准备要把画送进宫里的时候，一个画师不小心，把一滴浓墨溅到画上，看上去非常刺眼。众人大惊，他们知道对绘画非常挑剔的孙权看见了这种光景，势必会大发雷霆，说不定会引来杀身之祸。正当画师们惶恐不安、一筹莫展的时候，曹费兴眉头一皱，计上心来，他拿起画笔走到屏风前，对着黑点细心地勾描起来。

第二天，屏风立在了孙权的宝座后面，他看了以后"龙颜"大悦，于是走近前想细细欣赏。突然，他发现画面上落着一只苍蝇，他就挥起宽大的袍袖轰了一下。过了一会儿，他发现苍蝇仍然落在那里，就又轰了一下，但是苍蝇却一动不动，近前仔细一看，原来那只苍蝇是画上去的。

孙权转身就发问，为什么这幅画上画了一只苍蝇？

曹费兴连忙伏地叩拜，讲述了把黑点画成苍蝇的经过。孙权听他说完以后不但没有责怪他，反而大加赞赏曹费兴的思路敏捷、做法得当，就马上命人取来千两黄金，作为对画师们的奖赏。并提笔在屏风上写下："越疆无价、千金墨蝇"八个大字。

中华民族优秀传统
文化故事读本《智》

延伸阅读

钓竿与钓技

有个老人在河边钓鱼，一个小孩走过去看他钓鱼，老人技巧纯熟，所以没多久就钓上了满篓的鱼，老人见小孩很可爱，要把整篓的鱼送给他，小孩摇摇头，老人惊异的问道："你为何不要？"

小孩回答："我想要你手中的钓竿。"

老人问："你要钓竿做什么？"小孩说："这篓鱼没多久就吃完了，要是我有钓竿，我就可以自己钓，一辈子也吃不完。"

你一定会认为这个小孩很聪明，以为有了钓竿就会有吃不完的鱼，其实不对，因为小孩光有鱼竿是没用的，如果没有钓鱼的技巧他是一条鱼也钓不上来的，所以这个小孩想吃鱼的话，不但要有鱼竿而且一定不要忘记要和老人学习钓鱼的技巧，只有掌握好的技术，才能钓到更多的鱼，自己才会有吃不完的鱼。这个故事给大家的启示是：有太多人认为自己手中握了人生的钓竿，鱼儿自动会上钩，凡事皆顺遂。殊不知各行各业的专业，都需要长期用心学习揣摩，才能累积到像老人那样精湛的"钓技"。

点评

人生在世，我们常常会遇到一些意外的阻力和坎坷，如果处理不当，就会影响到正常的工作、生活，甚至酿成灾祸。面对突如其来的意外，如果换一种思维，对所谓的阻力和坎坷重新认识，用聪颖和智慧去正确排遣、化解，所收到的良好效果也可能是"意想不到"的。这就叫做急中生智。

◎ 草船借箭

周瑜提出让诸葛亮在十日之内赶制十万支箭的要求，诸葛亮却出人意外地说："曹操大军即日将至，若候十日，必误大事。"他表示："只须三天的时间，就可以办完复命。"周瑜一听大喜，当即与诸葛亮立下了军令状。在周瑜看来，诸葛亮无论如何也不可能在三天之内造出十万枝箭，因此，诸葛亮必死无疑。

诸葛亮告辞以后，周瑜就让鲁肃到诸葛亮处查看动静，打探虚实。诸葛亮一见鲁肃就说："三日之内如何能造出十万枝箭？还望子敬救我！"忠厚善良的鲁肃回答说："你自取其祸，叫我如何救你？"诸葛亮说："只望你借给我二十只船，每船配置三十名军士，船只全部青布为幔，各束草把千余个，分别竖在船的两舷。这一切，我自有妙用，到第三日包管会有十万支箭。但有一条，你千万不能让周瑜知道。如果他知道了，必定从中作梗，我的计划就很难实现了。"鲁肃虽然答应了诸葛亮的请求，但并不明白诸葛亮的意思。他见到周瑜后，不谈借船之事，只说诸葛亮并不准备造箭所需的竹、翎毛、胶漆等物品。周瑜听罢也大惑不解。

诸葛亮向鲁肃借得船只、兵卒以后，按计划准备停当。第一天，不见诸葛亮有什么动静！第二天，仍然不见诸葛亮有什么动静！直到第三天夜里四更时分，他才秘密地将鲁肃请到船上，并告诉鲁肃要去取箭。鲁肃不解地问："到何处去取？"诸葛亮回答道："子敬不用问，前去便知。"鲁肃被弄得莫名其妙，只得陪伴着诸葛亮去看个究竟。

凌晨，浩浩江面雾气霏霏，漆黑一片。诸葛亮遂命用长索将二十只船连在一起，起锚向北岸曹军大营进发。时至五更，船队已接近曹操的水寨。这时，诸葛亮又教士卒

将船只头西尾东一字摆开,横于曹军寨前。然后,他又命令士卒擂鼓呐喊,故意制造了一种击鼓进兵的声势。鲁肃见状,大惊失色,诸葛亮却心底坦然地告诉他说:"我料定,在这浓雾低垂的夜里,曹操决不敢贸然出战。你我尽可放心地饮酒取乐,等到大雾散尽,我们便回。"

曹操闻报后,果然担心重雾迷江,遭到埋伏,不肯轻易出战。他急调旱寨的弓弩手六千多人赶到江边,会同水军射手,共约一万多人,一齐向江中乱射,企图以此阻止击鼓叫阵的"孙刘联军"。一时间,箭如飞蝗,纷纷射在江心船上的草把和布幔之上。过些时间,诸葛亮又命令船队头东尾西,靠近水寨,并嘱加劲擂鼓呐喊。等到日出雾散,船上草把排满密密麻麻的箭枝。此时,诸葛亮才下令船队返回。还命令士卒齐声大喊:"谢曹丞相赐箭!"当曹操醒悟时,诸葛亮取箭船队顺风顺水,已经离去20余里,曹军追之不及,曹操懊悔不已。

船队返营后,共得箭十几万枝,为时不过三天。鲁肃目睹其事,极称诸葛亮为"神人"。诸葛亮对鲁肃讲:自己不仅通天文,识地利,而且也知奇门,晓阴阳,更擅长行军作战中的布阵和兵势,在3天之前已料定必有大雾可以利用。他最后说:"我的性命系之于天,周公瑾岂能害我!"当周瑜得知这一切以后自叹不如。

延伸阅读

吃字眼

炎热的夏天,张三一人中午在大榕树下吃龙眼,李四也睡不着,出去走走,看见张三就过去跟他侃侃。

李四:吃龙眼呀?(李四看着口水流)

张三:嗯。(张三只顾自己吃龙眼也不叫李四吃一个)

李四:你家的龙眼这么小,我家的"笼眼"有饭碗口那么大。

张三：你想骗我，那有这么大的龙眼。

李四：我不骗你，不信到我家看看。

张三：你敢与我打赌？

李四：赌什么？

张三：如果你家龙眼有碗口那么大，我给你20斗（10斗一担）谷子。

李四：如果你输了么怎办？

张三：如果我输了给你5文银。

于是张三跟着李四到他家去，张三左看右看不见龙眼在那里，李四指给他看猪笼的笼眼。

张三：你骗我，我说的不是这个笼眼。

李四：你没听清楚，我说"笼眼"，不是龙眼，这不是猪笼的"笼眼"么？

张三：算我输了，我服了你，你到我家取谷子吧。

李四赢了张三20斗谷子，叫兄弟帮忙挑两担箩筐准备到张三家取谷子，又到处张罗，这样引来村里好奇的人来看热闹。张三老婆听说老公赌输了，本来家里就穷得无米下锅，气得不敢露面。

张三：老婆拿斗来。

老婆：家里没有斗。

张三：我床头不是有斗么？

这时他老婆明白了，老公真聪明，于是笑眯眯地拿着烟杆走出来交给老公。张三叫老婆打开谷柜，给他们量谷，一斗、二斗、三斗地数着。

李四：这个斗呀？

张三：你没说明是龙眼还是笼眼，我也没说用什么斗，我这是烟斗的斗。

这时李四赢得无地自容，20斗谷子不到一撮。看热闹的人笑得合不拢嘴。

民间故事中的智慧也是一种乐趣。

◎ 聪明睿智的谢道韫

谢道韫身出名门，系东晋安西将军谢奕之女。

谢道韫还很小的时候就相当了得。一次叔父谢安问她，"《毛诗》中何句最佳？"谢道韫答道，诗经三百篇，莫若《大雅·嵩高篇》云，吉甫作颂，穆如清风。仲山甫永怀，以慰其心。"

另一则故事就更经典了，一次冬日谢氏家族聚会，正赶上大雪鹅毛般片片落下，谢安于温酒赏雪之余，雅兴大发，问在座的谢氏后辈，飘飘大雪何所似？

谢道韫的堂哥谢明接口："撒盐空中差可拟。"（这位老兄空中撒盐何故，难道想人工降雪？）。

谢道韫马上微哂道："未若柳絮因风起。"简单一句，诗情才气相比她堂哥相差天壤之别！谢安大声称善，夸奖道韫敏慧过人。

◎ 无中生有

唐朝安史之乱时，许多地方官吏纷纷投靠安禄山、史思明，唐将张巡忠于唐室，不肯投敌。他率领二三千人的军队守孤城雍丘城（今河南杞县）。

安禄山派降将令狐潮率四万人马围攻雍丘城，敌众我寡，张巡虽取得几次出城袭击的小胜，但无奈城中箭支越来越少，又赶造不及。没有箭支，很难抵挡敌军攻城。

张巡想起三国时诸葛亮草船借箭的故事，突然心生一计，急命军中搜集秸草，扎成千余个草人，将草人披上黑衣，夜晚用绳子慢慢往城下吊。夜幕之中，令狐潮以为张巡又要乘夜出兵偷袭，急命部队万箭齐发，一时间箭支纷纷射向草人急如骤雨。

张巡轻而易举获敌箭数十万支，令狐潮天明后，知已中计，气急败坏，后悔不迭。

第二天夜晚，张巡又从城上往下吊草人，敌军众见状，哈哈大笑，嘲笑张巡黔驴技穷，故伎重演。张巡见敌人已被麻痹，就迅速吊下五百名勇士，敌兵仍不在意，不理不睬五百勇士在夜幕掩护下，迅速潜入敌营，打得令狐潮措手不及，营中大乱。

张巡乘此机会率部冲出城来，杀得令狐潮大败而逃，损兵折将，只得退守陈留（今开封东南）。

张巡巧用无中生有之计保住了雍丘城。

中华民族优秀传统
文化故事读本《智》

◎ 瞒天过海

唐太宗于贞观十七年，御驾亲征，领三十万大军以宁东土。一日，浩荡大军东进来到大海边上，太宗眼前只是白浪排空，海茫无穷，由于所带将领都是北方人，不谙水路，更不知如何平安渡海。即向众将领问及过海之计，四下各位将领面面相觑都没有什么好的方法。

忽然，一个近居海上的豪民请求见驾，并声称三十万过海军粮此家业已独备。皇帝大喜，就率百官随这豪民老人来至海边，只见四周皆用一彩幕遮围，十分严密。豪民老人东向倒步引帝入室，室内更是绣幔锦彩，茵褥铺地。百官进酒，宴饮乐甚。

不久，风声四起，波响如雷，杯盏倾侧，人身动摇，良久不止，太宗警惊起来，于是忙令近臣揭开彩幕察看，这一下，不看则已，一看愕然——满目四下皆一片茫茫海水横无际涯，哪里是什么在豪民家里作客，大军竟然已航行于大海之上了！

原来这豪民老人是新招壮士薛仁贵扮成，这"瞒天过海"计策，就是他设计策划的。"瞒天过海"用在兵法上，实属一种示假隐真的疑兵之计，用来作战役伪装，以期达到出其不意的战斗效果。

延伸阅读

司机与农妇

卡车司机开车经过一个小村庄时，一个中年农妇突然小跑着横穿马路，大卡车来了个急刹车，差点撞着农妇。农妇火冒三丈，冲到驾驶室前对司机没完地臭骂。

◎ 陆羽弃佛从文

唐朝著名学者陆羽，从小是个孤儿，被智积禅师在寺庙抚养长大。陆羽虽身在庙中，却不愿终日诵经念佛，而是喜欢吟读诗书。于是陆羽执意要下山求学，遭到了禅师的反对。禅师为了给陆羽出难题，同时也是为了更好地教育他，便叫他学习冲茶。在钻研茶艺的过程中，陆羽碰到了一位好心的老婆婆，不仅学会了复杂的冲茶的技巧，更学会了不少读书和做人的道理。

当陆羽最终将一杯热气腾腾的茶端到禅师面前时，禅师终于答应了他下山读书的要求，后来，陆羽撰写了广为流传的《茶经》，把祖国的茶艺文化发扬光大！

延伸阅读

一只新组装好的小钟放在了两只旧钟当中，两只旧钟"滴答""滴答"一分一秒地走着。其中一只旧钟对小钟说："来吧，你也该工作了。可是我有点担心，你走完三千二百万次后，恐怕便吃不消了。"

"天啊！三千二百万次！"小钟吃惊不已，"我要做这么大的事？办不到，办不到。"

另一只旧钟说："别听他胡说八道，不用害怕，你只要每秒钟滴答摆一下就行了。"

"天下哪有这样简单的事？"小钟将信将疑，"如果这样，我就试试吧。"

小钟学着两只旧钟的样子，很轻松地每秒钟"滴答"摆一下，不知不觉中，一年过去了，它摆了三千二百万次，一点儿也没觉得累。

生活中的智慧就是这样，同样一件事情换个角度，换个说法，就能得到意想不到的结果。

◎ 文彦博灌水浮球

文彦博自幼天资聪颖，有一次，他博和几个小朋友在草地上踢球，正玩得开心，一不留神，球掉进了一个树洞。小伙伴们趴在洞口又是用手摸，又是用棍子拨，可怎么也够不到球，都快急哭了。文彦博原地转了两圈，看着那黑漆漆的树洞想了一会儿，说："我有个办法，可以试试！"他叫小朋友帮忙提来几桶水，把水一桶一桶往树洞里灌，不一会儿，水就把树洞给灌满了，水一满，球自然就会浮出来。果然，这个办法很管用，小伙伴们拿到了球，很快又兴高采烈地玩起来。

文彦博有两只罐子，平时做了好事，就在一个罐子里放一粒红豆；做了坏事，就在另一个罐子里放一粒黑豆。他还每天检查红豆和黑豆的数目，以此严于律己，修身养性。这样的"童子功"，使他一生受益匪浅。最终成为北宋时期政治家、书法家。他历仕仁、英、神、哲四帝，出将入相，有五十年之久，任职期间，秉公执法，大胆提出裁军八万之主张，为精兵简政，减轻人民负担。有"北宋第一贤相"的美誉。

延伸阅读

后来，文彦博灌水浮球成为中国四大儿童益智故事之一；2010年6月1日，中国邮政还发行了《文彦博灌水浮球》特种邮票，这个故事就流传得更广了。

◎ 司马光砸缸

司马光（1019—1086），北宋时期著名政治家、史学家、散文家。北宋陕州夏县涑水乡（今山西运城安邑镇东北）人，汉族。出生于河南省光山县，字君实，号迂叟，世称涑水先生。司马光自幼嗜学，尤喜《春秋左氏传》。

司马光七岁的时候就像一个大人一样非常懂事，听到老师讲解《左氏春秋》，非常喜爱，放学之后又为家人讲他所学到的，因此他也明白了春秋的内涵。从此书不离手，甚至忘记了饥渴，冷热，一心都扑到了书里。

一天，司马光正在和小伙伴们玩耍，有人说，我们捉迷藏吧！好！大家异口同声表示同意，然后就各自躲了起来。过了一会儿，突然有人喊："救命啊，救命啊！"啊！有人落水啦，大家快看那个缸，里面可是盛满水的，比小朋友们个头都高，大家不禁害怕地跑来跑去。

只有司马光不害怕，他临危不惧，想着办法解救小伙伴，突然，有一块大石头在他的视线一闪而过，司马光搬来大石头，一下子砸破了罐，大水汹涌而出，小伙伴成功获救，大家高兴的喊着："司马光真棒。"

开封、洛阳的人将这件事用图画记载下来，广为流传。仁宗宝元初，司马光中进士甲科。

◎ 徐霞客志在天下

有一天，江边发生了一件怪事，很多人在打捞落水的石狮，却怎么也找不着。这时，一个叫徐霞客的小孩说，只要溯江而上，就能找到石狮。果然石狮找到了，大家都赞誉这个聪颖的小孩。原来他就是长大后成为伟大地理学家、旅行家的徐霞客。

徐霞客故乡在今天江苏省江阴县南阳岐村，村中有一座中国明朝时留下的桥梁，两侧的桥栏上刻着这样题辞"霞仙居北坨，依然虹影卧南旸"。题辞中的"霞仙"指的便是徐霞客，题辞大意是说，徐霞客虽然不在，但他勇于探险的精神照耀千古。徐霞客父亲徐有勉为人正直，因为不愿意结交权贵，更不愿意趋炎附势，所以一生没有入朝为官。徐有勉热衷于闲云野鹤的生活，他寄情于山水之间，喜欢游历四方。徐霞客受到父亲的影响，自小喜欢探险、旅游，喜欢读一些地理、历史、探险等方面的书籍。

当时，中国江南呈现出一片苦读圣贤书的氛围，幼年童子都懂得四书五经，受到感染，徐霞客也是十分的好学，通读各家书籍。徐家祖上曾经建了一座藏书万卷的藏书楼，楼中藏有各类典籍，这为徐霞客能够博览群书提供了一个良好的机会。

徐霞客读书十分认真，每一篇文章都要求自己背到滚瓜烂熟，而且他博闻强记，凡读过的书，别人不论怎样提问，徐霞客都能记得起来。家中的藏书量虽然广，但却不能满足徐霞客的求知欲望。外出时，徐霞客在书摊上看到没有看过的好书，就买回家看，有时候钱带得不够，就脱下身上华贵的衣服去换书，回到家后便彻夜苦读。他读书为的是增添自己的知识，并非为了考取功名。

十九岁那年，徐霞客父亲徐有勉去世。当时，徐霞客

就有了游历全国名山胜水的心思，但是受到中国传统"父母在，不远游"的思想影响，徐霞客不好抛下年迈的母亲独自远游，于是在家中又赋闲了三年。

二十二岁时，母亲看出徐霞客想要游历天下的心思，也知道他的为难之处，作为封建时代的知识女性，徐母反而十分的明白事理，她鼓励儿子说："男子汉应该志在四方，怎能因为一个老妇人而溥住手脚呢？你自行外出游历去吧！外边广阔的天地才是你的归宿，去吧，不能因为我，让你像圈在篱笆里的小鸡，套在轩辕车上的小马。"

徐霞客受到母亲的鼓励，他下定决心要游遍中国名山大川。临行前，徐母亲自为他缝制好远游冠，整理好行囊，送儿子离开了家乡。

从此，徐霞客余生时间都放在了旅行、考察之中，可谓"生于足下，死于足下"。

在他三十年的游历生涯中，他不畏风雨，不惧虎豹，先后徒步游历了明朝二十余个省，足迹遍布大半个国家，并记下两千余万字的游记，被后人整理为《徐霞客游记》。这部著作为中国地理学的研究道路提供了方便的快车，徐霞客为中国地理学的发展做出了很大的贡献。

◎ 王冕治学

元朝时候,浙江诸暨出了一个有名的画家,叫王冕。王冕小时候家里很穷,父亲让他去给地主家放牛,换一点儿微薄的口粮补贴家用。乡里有一所学堂,王冕听到学堂里朗朗的读书声,心里很羡慕。他就把牛拴在树上,悄悄地走进学堂去听老师讲课,有时还向老师借书来读。有一回,他从学堂听课出来的时候,牛却不见了。

父亲听说他丢了地主的牛,又生气又害怕,拿起门闩就要打他。王冕吓得逃了出来,躲在一所庙里过夜。夜里,他就坐在佛像的膝盖上,借着佛像前面长明灯的光亮,读从学堂里借来的几本破书。

王冕不仅喜欢读书,还喜欢画画。有一年初夏,在一个雨过天晴的傍晚,王冕到湖边去放牛。这时候,太阳透过白云,照得满湖通红。湖边的山上,青一块,绿一块,十分好看。树叶经雨水洗过,绿得更加可爱。湖里的荷花也开得格外鲜艳,荷叶上的水珠像珍珠似地滚来滚去,真是美丽极了。

王冕心里想:要是能把这幅景象画下来,该多好啊!对,我先学着画荷花吧!他向学生要了几枝废弃的秃笔,把树叶捣烂,挤出汁水当作绿色的颜料;把红色的石头研成粉末,和水调匀,当作红色的颜料,就坐在湖边画起荷花来。起初,王冕画的荷花荷叶,都像长了翅膀要飞似的,一点也不像。可他并不灰心,画一张不像,就再画一张。他一边画,一边对着荷花仔细地琢磨。这样画来画去,琢磨来琢磨去,终于有一天,他画的荷花简直跟湖里长出来的一样,好看极了。

画荷花成功了,他接着学习画山水,画牛马,画人物,到后来,不论画什么东西,他都画得很好。

延伸阅读

王冕（1287—1359年），字元章，号煮石山农，亦号"食中翁""梅花屋主"等，浙江诸暨枫桥人，元朝著名画家、诗人、篆刻家。他出身贫寒，幼年替人放牛，靠自学成才。

王冕性格孤傲，鄙视权贵，诗作多同情人民苦难、谴责豪门权贵、轻视功名利禄、描写田园隐逸生活之作。有《竹斋集》3卷，续集2卷。一生爱好梅花，种梅、咏梅，又工画梅。所画梅花花密枝繁，生意盎然，劲健有力，对后世影响较大。存世画迹有《南枝春早图》《墨梅图》《三君子图》等。能治印，创用花乳石刻印章，篆法绝妙。《明史》有传。

《墨梅》（又名《墨梅图题诗》）
王冕
吾家洗砚池头树，
个个花开淡墨痕。
不要人夸颜色好，
只流清气满乾坤。

《白梅》
王冕
冰雪林中著此身，
不同桃李混芳尘。
忽然一夜清香发，
散作乾坤万里春。

◎ 智义降贼

孔镛去做田州（今广西百色市田阳县）的太守。田州常常发生叛乱，前任的根本管不了。当时，驻扎在孔镛管辖境内的叛贼有十几伙之多，官府几次招安，他们就是不肯投降。孔镛上任不久，探子突然传来消息说，附近山寨的几伙强盗准备聚众侵犯田州城。城中众人都很惊恐，建议闭门守城，孔镛却说："固守挨打不是办法。当今之计，只有向他们宣扬朝廷的恩威，或许还可以让他们有所收敛。"

孔镛挑了两个胆大的随从，备马出城，直闯贼巢。强盗的哨探见一个当官的骑马而来，只有两个跟班，非常惊讶，于是上前拦住盘问，孔镛回答说："你们快去通报，我是新来的田州太守。"寨中强盗头领邓公长听说新任太守亲自来了，吓了一跳。开初还以为官军打来了，立刻叫他的喽啰拿起武器去迎击官府的军队。强盗们不知道孔镛的用意，只好领他进入山寨，把他带到头领面前。等到邓公长见到孔镛时，不禁大吃一惊："这个太守怎么只带两个侍从，就敢闯进我的地盘来了？"于是暗中就有点丧气了。众强盗拔刀亮剑，怒视孔镛。孔镛从容不迫地下了马，站立在他们中间。邓公长厉声问他是谁。孔镛不慌不忙地说："我是新任田州太守孔镛。我是你们的父母官，快拿椅子来给我坐下，你们来参见。"有人就搬来了一个坐榻放在当中，孔镛大威风凛凛地坐下，招呼众人上前下拜行礼。邓公长也不知道怎么办才好。有些手下已经被震慑住了，放下武器，慌忙给太守下拜行礼，邓公长也只好跪下。

孔镛说话了："我知道你们以前都是好百姓，现在落草为寇，只是因为无衣无食，又冷又饿。前任的太守攻打你们，你们为了活路，自然就要反抗。"强盗们纷纷应声骂

起来，历数前任官员的劣迹。孔镛坦然一笑，接着说："我奉朝廷的命令来做你们的父母官。你们都是我的子民，我并不忍心加害你们。如果你们能听我的劝告，送我回城里去，我就赦免你们的罪过，还给你们粮食和布匹，从今以后就不许再干杀人越货的勾当了。如果你们不相信我，现在就可以把我杀了！朝廷的大军马上就来了，那样你们就都得死，连小孩子也没办法活下来！"听到这话，强盗们惊呆了。邓公长还在犹豫，喽罗中却有好些人激动得哭了起来。最后，邓公长声音颤抖地说："假如大人您真的能抚恤我们，那么只要您在这里做太守，我们就一定不再侵犯骚扰官府。""君子一言，快马一鞭，咱们就这么约定了！"孔镛坚定地说。他忽然转了话头，"我赶路过来，已经饿了，你们给我弄点吃的吧。"众人连忙做了一顿丰盛的晚饭，邓公长跪着给他送上食物。孔镛饱餐一顿后，说："现在天也黑了，就让我在这里睡一晚上吧。"说着就解开了衣服躺下来睡觉。叛贼们互相看着，对他超过常人的胆量感到又吃惊又佩服。

在寨中过了一夜，孔镛睡醒了，要回城里去。邓公长就派遣几十骑人马送他回去。城中的人看见了，都大惊失色，以为知府被贼寇给抓了，所有的士兵都登上了城楼准备作战。孔镛让那些跟来的人停在城外，带又老又弱的人跟着他进城。他叫人拿来了粮食和衣服，给了那些人，让他们带回去。邓公长十分感激他，觉得这位太守言而有信，大家都有了依靠，就烧了山寨，领着几千人来投降官府了。自此以后，田州郡一片太平。

◎ 纪晓岚智对和珅

清朝时，纪晓岚与和珅同时在朝为官，纪任侍郎（官名）和珅为尚书（官名）。传说一次，两人一起喝酒，和珅指着一条狗问："是狼是狗？"

谐音即是"侍郎是狗"。纪晓岚非常机敏，知道和珅想占自己小便宜，就不动声色地回答："上竖是狗，垂尾是狼"。谐音是"尚书是狗"。

和珅想用"是狼"是"侍郎"的谐音骂纪晓岚，没想到纪晓岚用"上竖"是"尚书"的谐音回击了他，这段故事也就成为了民间的笑话。

延伸阅读

歌德让路

一天，德国大诗人歌德在公园散步，在一条狭窄的小路上遇到了一位反对他的批评家，这位傲慢的批评家说："你知道吗？我这个人从来不给傻瓜让路。"歌德却笑着说："我则恰恰相反。"说完闪身让批评家过去。

有智慧的人是将语言的艺术巧妙应用的高手，恰如其分地表达自己的想法。

◎ 空城计

空城计：意指虚虚实实，兵无常势。虚而示虚的疑兵之计，是一种疑中生疑的心理战，多用于己弱而敌强的情况。肯定只有足智多谋的人才能使用，也才敢使用。历史上也确有一些智力超群的人运用此计而取得巨大成功，如张守圭守瓜州、诸葛亮智退司马懿大军等。

这是一种在危急处境下，掩饰空虚，骗过对方的高明策略。在敌众我寡情况下，缺乏兵备而故意示人以不设兵备，造成敌方错觉，从而惊退敌军之事，史书多有记载。但不限于守城。

最早的空城计故事

春秋时期，楚国的令尹公子元，在他哥哥楚文王死了之后，非常想占有漂亮的嫂子文夫人。他用各种方法去讨好，文夫人却无动于衷。于是他想建立功业，显显自己的能耐，以此讨得文夫人的欢心。

公元前666年，公子元亲率兵车六百乘，浩浩荡荡，攻打郑国。楚国大军一路连下几城，直逼郑国国都。郑国国力较弱，都城内更是兵力空虚，无法抵挡楚军的进犯。郑国危在旦夕，群臣慌乱，有的主张纳款请和，有的主张拼一死战，有的主张固守待援。这几种主张都难解国之危。上卿叔詹说："请和与决战都非上策。固守待援，倒是可取的方案。郑国和齐国订有盟约，而今有难，齐国会出兵相助。只是空谈固守，恐怕也难守住。公子元伐郑，实际上是想邀功图名讨好文夫人。他一定急于求成，又特别害怕失败。我有一计，可退楚军。"

郑国按叔詹的计策，在城内作了安排。命令士兵全部

埋伏起来,不让敌人看见一兵一卒。令店铺照常开门,百姓往来如常,不准露一丝慌乱之色。大开城门,放下吊桥,摆出完全不设防的样子。

楚军先锋到达郑国都城城下,见此情景,心里起了怀疑,担心城中有了埋伏,诱敌中计,不敢妄动,只能等待公子元。公子元赶到城下,也觉得好生奇怪。他率众将到城外高地眺望,见城中确实空虚,但又隐隐约约看到了郑国的旌旗甲士。公子元认为其中有诈,不可贸然进攻,于是按兵不动准备派人进城探听虚实。

这时,齐国接到郑国的求援信,已联合鲁、宋两国发兵救郑。公子元闻报,知道三国兵到,楚军定不能胜。好在也打了几个胜仗,还是赶快撤退为妙。他害怕撤退时郑国军队会出城追击,于是下令全军连夜撤走,人衔枚,马裹蹄,不出一点声响。所有营寨都不拆走,旌旗照旧飘扬。

第二天清晨,叔詹登城一望,说道:"楚军已经撤走。"众人见敌营旌旗招展,不信已经撤军。叔詹说:"如果营中有人,怎会有那样多的飞鸟盘旋上下呢?他也用空城计欺骗了我们,急忙撤兵了。"这就是中国历史上有记载的第一个使用空城计的战例。

诸葛亮的空城计

三国时期,诸葛亮因错用马谡而失掉战略要地——街亭,魏将司马懿乘势引大军十五万向诸葛亮所在的西城蜂拥而来。当时,诸葛亮身边没有大将,只有一班文官,所带领的五千军队,也有一半运粮草去了,只剩二千五百名士兵在城里。众人听到司马懿带兵前来的消息都大惊失色。诸葛亮登城楼观望后,对众人说:"大家不要惊慌,我略用计策,便可教司马懿退兵。"

于是,诸葛亮传令,把所有的旌旗都藏起来,士兵原地不动，如果有私自外出以及大声喧哗的，立即斩首。又叫士兵把四个城门打开，每个城门之上派20名士兵扮成百姓模样，洒水扫街。诸葛亮自己披上鹤氅，戴上高高的纶巾，领着两个小书童，带上一张琴，到城上望敌楼前凭栏坐下，燃起香，然后慢慢弹起琴来。

司马懿的先头部队到达城下，见了这种气势，都不敢轻易入城，便急忙返回报告司马懿。司马懿听后，笑着说："这怎么可能呢？"于是便令三军停下，自己飞马前去观看。离城不远，他果然看见诸葛亮端坐在城楼上，笑容可掬，正在焚香弹琴。左边一个书童，手捧宝剑；右边也有一个书童，手里拿着拂尘。城门里外，20多个百姓模样的人在低头洒扫，旁若无人。生性多疑的司马懿看后，大惊失色，便来到中军，令后军充作前军，前军作后军撤退。

他的二子司马昭说："诸葛亮城中无兵，所以故意弄出这个样子来？父亲您为什么要退兵呢？"司马懿说："诸葛亮用兵谨慎，不曾冒险。现在城门大开，里面必有埋伏，我军如果进去，正好中了他们的计谋。还是快快撤退吧！"于是各路兵马都退了回去。

诸葛亮的士兵也很奇怪，问道："司马懿是魏之名将，今统十五万精兵到此，见了丞相，便速退去，为什么呢？"他说："兵法云，知己知彼，方可百战不殆。我知道司马懿是个生性多疑的人，才故意做出这个样子来迷惑他，如果是司马昭和曹操的话，我是绝对不敢实施此计的。"

延伸阅读

歇后语

诸葛亮弹琴——计上心来；

孔明大摆空城计——化险为夷；

空城计退敌——反败为胜；

李广的空城计

西汉时期,北方匈奴势力逐渐强大,不断兴兵进犯中原。飞将军李广任上郡太守,抵挡匈奴南进。

一天,皇帝派到上郡的宦官带人外出打猎,遇到三个匈奴兵的袭击,宦官受伤逃回。李广大怒,亲自率领一百名骑兵前去追击。一直追了几十见地,终于追上,杀了两名,活捉一名,正准备回营时,忽然发现有数千名匈奴骑兵也向这里开来。匈奴队伍也发现了李广,但看见李广只有百名骑兵,以为是大部队诱敌的前锋,不敢贸然攻击,急忙上山摆开阵势,观察动静。

李广的骑兵非常恐慌,李广沉着地稳住队伍:"我们只有百余骑,离我们的大营有几十里远。如果我们逃跑,匈奴肯定会追杀我们。如果我们按兵不动,敌人却会疑心我们有大部队行动,他们决不敢轻易发动进攻的。现在,我们继续前进。"到了离敌阵仅二里地光景的地方,李广下令:"全体下马休息。"李广的士兵卸下马鞍,悠闲地躺在草地上休息,看着战马在一旁津津有味地吃草。

匈奴部将感到十分奇怪,派了一名军官出阵观察形势。李广立即上马,冲杀过去,一箭射死了那个军官。然后又回到原地,继续休息。

匈奴部将见此情形,更加恐慌,看到李广如此胸有成竹,料定附近定有伏兵。天黑以后,李广的人马仍无动静。匈奴部将怕遭到大部队的突袭,慌慌张张引兵逃跑了。李广的百余兵骑安全返回了大营。

曹操的空城计

兴平二年(195年)春天,缓过气来的曹操再次亲率军攻打吕布,迫使吕布后退。夏天,吕布反扑,在半路上

遇到了曹操的伏兵，大败而逃。曹操对吕布首次取得了重大胜利。

败退中的吕布与陈宫部会合，聚集到一万多部队，转身又来战曹操。曹操大胆的采取了"空城计"，虚张声势，吕布不敢贸然进攻。曹操连夜调回了大量的部队。而吕布知道曹操昨天的举动不过是虚张声势而已，第二天一早便主动进攻。结果曹军伏兵大出，大败吕布。吕布连夜逃走，放弃了兖州，投奔刘备。

在这场战争中，曹操的表现非常出色，他在连续失败中没有气馁，屡败屡战，以燎原烈火一样的热情激励出了全军的斗志，虽然身处逆境，但在气势上完全压倒了吕布，最终取得胜利。

知州妙用空城计

北宋真宗年间，马知节做延州的知州。有一年元宵节，派出去侦察的士卒回来禀报说：边寇的大队人马正向延州开来。马知节心想：城内军民正准备过节，如果听到这个消息，一定会四散奔逃混乱不堪。再就是自己手中的兵马太少，不足以御敌，怎么办呢？想着想着，他忽然眼前一亮，立即有了应对的办法。

马知节首先命令大开城门，然后张灯结彩，大摆宴席，全军上下与民同乐，共度佳节。将士们看到知州如此镇定自若，知道定有破敌良策，军心稳定，行动有序。城中百姓见如此情形，也都停止骚动安心过节。

边寇来到城下，见城门大开，城中百姓正欢天喜地过佳节，一点都没有紧张气氛猜疑城内有重兵埋伏，认为此次进犯不是时候，便主动地撤走了。

张守圭的空城计

张守圭接替战死的王君焕，正在修筑城墙，敌兵又突然来袭。城里没有任何守御的设备，大家惊慌失措。守圭说："敌众我寡，又处在城池刚刚被破坏之后，光用石头和弓箭是不能退敌的，应该用计谋。"他让将士们和他一道，坐在城头楼上，饮酒奏乐，做出若无其事的样子。敌人怀疑城中有备，只有退兵。

齐祖铤也用近似的方法退兵，不过他的做法比张守圭更胜一筹：等敌军以为城内有重兵埋伏，迟疑不决时，突然命士兵大声叫唤，更将敌军搞得糊里糊涂，仓惶退兵。

虚虚实实，兵无常势，变化无穷。在敌乘我虚之时，当展开心理战。一定要充分掌握对方主帅的心理和性格特征，切不可轻易出此险招。况且，此计多数情况下，只能当作缓兵之计，还得防止敌人卷土重来。所以还必须有实力与敌方对抗，拯救危局，还是要凭真正实力。

延伸阅读

心中的顽石

从前，有一户人家的菜园里摆着一颗大石头，宽度大约有四十公分，高度有十公分。到菜园的人，不小心就会踢到那一颗大石头，不是跌倒就是擦伤。儿子问："爸爸，那颗讨厌的石头，为什么不把它挖走？"

爸爸回答："你说那颗石头喔？从你爷爷时代，就一直放到现在了，它的体积那么大，不知道要挖到什么时候，没事无聊挖石头，不如走路小心一点，还可以训练你的反应能力。"过了几年，这颗大石头留到下一代，当时的儿子娶了媳妇，当了爸爸。

有一天媳妇气愤地说："爸爸，菜园那颗大石头，我越看越不顺眼，改天请人搬走好了。"

爸爸回答说："算了吧！那颗大石头很重的，可以搬走的话在我小时候就搬走了,哪儿会让它留到现在啊!"

媳妇心底非常不是滋味,那颗大石头不知道让她跌到多少次了。

有一天早上,媳妇带着锄头和一桶水来到菜园,她将整桶水倒在大石头的四周。十几分钟以后,媳妇用锄头把大石头四周的泥土搅松。媳妇早有心理准备,可能要挖一天吧,谁都没想到几分钟就把石头挖起来,看看大小,这颗石头没有想像的那么大,都是被那个巨大的外表蒙骗了。

点评

空城计,更多体现的是敌我双方的心理较量,诸葛亮深知司马懿多疑多疑个性,故弄玄虚,利用心理战术使自己摆脱了险境,成就了历史上一段用兵奇术,但是在现实生活中,如同园子中的巨石一样,许多貌似强大的困难只不过是拥有虚张声势的外表而已,战胜习惯思维,自己亲自去挖一挖,才能知道巨石到底有多大。